KB075344

공부머리가
쑥쑥 자라는
집안일 놀이

초등교사 엄마가 알려주는 신개념 집콕 육아법

공부머리가 쑥쑥 자라는 집안일 놀이

지에스더 지음

유아이북스
Ultimate Information

유치원 보낼 날만
손꼽아 기다렸건만…

"엄마, 나 어린이집 안 갈 거예요."

아이가 대뜸 말했다. 2018년 2월, 나는 둘째 아이 출산을 앞두고 육아 휴직을 했다. 첫째 아이에게 동생이 태어나고 엄마가 한동안 직장에 가지 않는다는 사실을 알려 주었다. 아이는 자기도 어린이 집을 안 가겠다고 당당하게 말했다. 사실 이건 예견된 결과이기도 했다. 아이는 그동안 어린이집을 가기 싫어했고, 나는 아침마다 이 렇게 아이를 설득해 왔다.

"엄마는 일하러 가야 해. 엄마는 형아, 누나들 가르치는 게 좋 아. 하민이도 친구들 만나면 좋지? 어린이집에 가서 재미있게 놀다 가 만나자."

그런데 이제 엄마가 집에 있겠다고 하니, 아이가 어린이집에 갈 까닭이 없었다. 집에서 놀고 싶다는 아이의 말과 굳은 눈빛을 거부할 수 없었다. 남편과의 상의를 거친 끝에, 아이의 말을 따르기로 했다. 2년이라는 시간 동안 홈스쿨링을 하게 되었다.

"엄마, 나 유치원 다니고 싶어요."

아이의 마음이 바뀐 건 여섯 살이 된 가을이었다. 도서관 가던 길에서 '원아 모집' 플래카드를 보더니 갑자기 유치원에 가고 싶어졌나 보다. 아이의 말을 듣고 나는 속으로 기쁨의 비명을 질렀다. 길바닥에서 덩실덩실 춤이라도 추고 싶었다. '적어도 1년은 유치원 생활을 해 봐야 학교에 가서도 적응이 편할 텐데'하는 걱정이 마음속에 버티고 있었기 때문이었다. 굳이 내가 설득할 필요도 없이 아이가 먼저 입을 열었으니 이게 웬 복권 당첨인가? 그동안 집에서 아이 둘과 지지고 볶으며 애쓴 것을 다 보상받는 기분이었다.

"하민아, 우리 3월이면 날마다 지나치던 유치원에 다닐 수 있어!"

'처음 학교로' 서비스로 아이가 갈 초등학교에 있는 병설 유치원에 간절한 마음으로 지원했다. 기도가 통한 건지 결과는 바라던 대로 되었다. 우리는 기쁜 마음으로 유치원에 입학하는 날만을 손꼽아 기다렸다. 2년 동안 집에서 놀기만 했던 아이. 새로운 곳에서 잘 적응할 수 있을까?

    기다리고 기다렸던 유치원 입학 날이었다. 세상에, 입학식이 없어졌다. 새 학기 시작도 자꾸만 미루고 미뤄지다가 6월이 되어서야 유치원에 갈 수 있었다. 3월부터 9월까지 아이가 유치원에 다닌 기간은 5주가 채 되지 않았다.

    "하민아, 오늘도 유치원 못 가겠네. 거리 두기 단계가 바뀌어야 갈 수 있대."
    "엄마, 나 언제 유치원 다시 가는 거예요? 친구들이랑 놀고 싶어요. 코로나 미워요."

    집에만 있는 시간이 갑자기 늘어났을 때 아이와 무엇을 하면 좋을까? 주변을 둘러보면 코로나바이러스라는 특수 상황 때문에 등 떠밀리다시피 집콕 육아를 하는 이들이 많다. '오늘은 뭐 하고 놀아야 하지?' 끝도 없이 고민하고, 시도 때도 없이 녹색창에 '엄마표 놀이'를 검색하는 것이 엄마들의 일상이다. 밥 세 끼 차려 먹여야 하는 것은 물론이거니와, 놀이 방법까지 걱정하게 되었다. 거기에 아이 학습 결손은 어떡하나 싶은 불안한 마음마저 더해진다.

    나는 아이와 집에 딱 붙어 있는 이 시기야말로 '집안일'을 가르치기 가장 좋은 때라는 결론을 내렸다. 해도 해도 끝이 없는 집안일. 누군가 해야 하는 일이지만 대부분 엄마의 몫이라 여긴다. 다른 이들은 그저 도와주는 정도로만 보는 게 집안일이다. 문득 우리 일상에 널리 퍼진 이 생각을 180도 전환하는 기회로 삼으면 유익할 것이라는 생각이 들었다.

여러 교육 전문가들도 증명하듯이 집안일이야말로 아이에게 가장 좋은 배움터가 될 수 있다. 이 책에는 7년이라는 육아의 시간을 거치며 터득한 '집안일 놀이'의 노하우가 담겨 있다. 이제 더는 밤새 '집콕 놀이'를 검색하지 않아도 된다. 체력도 통장도 모두 아낄 수 있는 가성비 최고의 육아 방법이 바로 우리 집안 곳곳에 도사리고 있다.

1장은 집안일의 본질을 이야기한다. 집안일이 아이에게 어떤 교육 효과가 있는지, 집안일을 놀이로 바꾼다면 아이의 발달에 어떤 영향을 주는지, 아이가 언제부터 집안일에 참여할 수 있는지를 다루었다.

2장은 집안일 놀이로 공부머리를 키우는 방법이다. 시간, 숫자, 경제, 정리 정돈, 독해력과 메타 인지의 기본을 집안일로 배울 수 있다. 학교에 들어가기 전, 공부머리의 밑바탕을 자연스럽게 만들어주는 방법을 생활에서 바로 적용할 수 있도록 설명했다.

3장은 아이와 하루에 한 번 습관으로 만들기 좋은 집안일을 모았다. 이불 개기, 청소하기, 쓰레기 버리기, 걸레질을 놀이로 바꿔서 하는 방법이다.

4장은 엄마가 힘들게 하는 집안일을 아이와 함께 하는 방법이다. 빨래, 화장실 청소, 세차, 식사 준비를 아주 작은 단계로 나누어서 아이가 쉽게 참여할 수 있는 길을 제시했다.

5장은 '집콕 육아'로 너덜거리는 엄마의 정신줄을 붙잡게 해 줄 이야기다. 홈스쿨링을 하면서 나를 성장시켰던 활동, 생각, 마음가짐뿐 아니라 코로나 시대를 맞이하며 새롭게 해 나간 것들을 담았다.

이 책이 세상에 나오기까지 많은 사람들의 도움이 있었다. 먼저 집에서 아이를 돌보며 하고 싶은 일을 하는 며느리와 딸을 지지해 주시는 양가 부모님께 감사드린다. 새벽마다 글 쓰는 동안 아이들 곁에 있고, 내가 하는 도전을 응원해 주는 남편에게 감사하다. 엄마와 집안일을 하며 독립심있게 자라고 있는 첫째 하민, 둘째 지민에게 고맙다.

마지막으로 이 책을 펼쳐 주신 독자분들에게 가장 감사하다. '내가 그의 이름을 불러주었을 때 그는 나에게로 와서 꽃이 되었다'는 김춘수의 시구절처럼, 책은 누군가 찾아서 읽어 주었을 때 가장 큰 의미를 가진다. 독자분들이 있어서 이 책이 세상에 나올 수 있었다. 정말 고맙다. 이 책이 어떻게 아이를 키우면 좋을까 고민하는 분들에게, 앞이 보이지 않는 터널 속에 있는 것 같다고 느끼는 분들에게, 오늘도 집에서 아이와 힘겨운 하루를 버티고 있는 분들에게 작은 위로와 응원의 말을 건네 드릴 수 있길 바란다.

사랑과 감사를 담아

지에스더

| 차 례 |

아이를 위한
신개념 놀이법

공부머리를 키우는
집안일 놀이

3장 하루 한 번이 만드는 습관

4장 하마터면 힘들게 집안일 할 뻔했다

코로나 시대, 현명한 엄마로 거듭나기

1장

아이를 위한
신개념 놀이법

1 | 하버드도 인정한 집안일의 교육 효과

　과거의 나는 결혼만 하면 집안일을 잘할 줄 알았다. '그냥 닥쳐서 하면 되는 거 아냐? 친정 엄마의 음식 손맛이 좋으니까 나도 당연히 요리를 잘하겠지'라고 생각했다. 그런데 웬걸, 결혼 후 처음 끓였던 계란국은 도저히 먹을 수 없는 수준이었다.

　집안일은 어른이 된다고 해서 마법처럼 잘하는 게 아니라는 것을, 경험을 많이 해 봐야 편안하게 할 수 있는 분야라는 것을 수도 없이 실수하며 깨달았다. 그래서 우리 아이들만큼은 어릴 때부터 차근차근 집안일 경험을 길러 줘야겠다고 다짐했다. 어른이 되어서 어쩔 수 없이 하나씩 글로 배우기보다는, 내 곁에 있을 때 편안하게 경험하면서 몸으로 익히게 해 주고 싶었다. 그리고 집안일을 어릴 때 배우는 것이 아이의 교육 면에서도 훨씬 좋을 것 같았다.

　하지만 이건 순전히 내 추측일 뿐이었다. 집안일 교육이 정말 아이에게 좋은 건지 궁금했다. 과연 집안일은 아이의 발달에 긍정적인 영향을 줄 수 있을까? 검증된 연구 결과들을 찾아보기로 했다.

우리 아이들의 행복을 위해서라도 아이들이 생각하는 인생의 우선순위를 다시 정비할 필요가 있다. 무조건 남들을 이기고 올라가는 것보다 남들에게 친절하게 대하고 배려하는 마음을 가르쳐야 한다. 그런 것을 위한 가깝고도 쉬운 방법이 사회의 최소 단위인 가정에서 아이들에게 집안일을 권하는 것이다.

하버드대학교의 리처드 와이드버드 교수는 '아이들을 행복하게 기르는 법'이라는 논문에서 위와 같이 언급했다. 이 글을 읽고 아이들은 가장 작은 사회 단위인 가정에서 집안일을 함으로써 '배려'를 배울 수 있다는 것을 깨달았다.

오늘날 부모들은 아이들이 독서나 학교 공부처럼 성공에 도움이 되는 일을 하며 시간을 보내기를 원하고 있다. 그런데 아이러니하게도, 우리는 아이를 성공으로 이끄는 입증된 한 가지를 하지 않고 있다. 그것은 바로 집안일이다.

《할 수 있는 아이로 키우기》를 쓴 발달심리학자 리처드 랑드도 내 생각에 힘을 실어 주었다. 어릴 때 했던 집안일은 아이가 어른이 되어 성공하는 인생을 살 수 있도록 도와줄 수 있다는 것이다.

하버드대학교 의대 조지 베일런트 교수는 14세의 학생 456명을 대상으로, 47세가 될 때까지 30년 넘게 그들의 삶을 추적 조사했다. 연구 결과, 놀랍게도 10대에 집안일을 도왔던 사람들은 그렇지 않은 사람들보다 부부 관계와 친구 관계가 더 좋았다. 그들의 직업 만족도 또한 높았고, 사회적으로도 성실하다는 평가를 받았다. 그들이 중년이 되었을 때는 가정을 잘 유지했을 뿐 아니라, 높은 행복 지수를 가진 것으로 결과가 나왔다.

미네소타대학교의 마틴 로스먼 명예 교수의 연구도 있다. 성인 84명을 대상으로, 인생을 유아기, 10세, 15세, 20대 중반 4단계로 나눠 살펴본 것이다. 유아기부터 부모를 도와 집안일을 했던 사람들은 집안일을 하지 않거나 청소년기에 집안일을 도왔던 사람들에 비해 20대 중반에 가족과 친구 관계가 더 좋은 것으로 나타났다. 그리고 높은 자립심과 함께 직업 면에서도 성공하는 모습을 보였다. 이처럼 다양한 연구 결과들이 집안일 교육은 아이의 사회적 성장에 긍정적으로 작용한다는 것을 알려 준다. **그렇다면 아이의 신체 발달에는 어떨까?**

집안일을 하면서 손을 쓰는 행동은 아이의 신체 발달에도 이롭다. 손가락을 쓰는 기능은 소뇌에 기억된다. 손을 잘 쓰는 아이가 대개 건강하고 똑똑하다는 것을 밝힌 연구도 있다. IQ가 뛰어난 10세 아이들을 대상으로 4세 시절의 발달 영역을 조사하자, 소근육 운동 발달이 좋은 아이가 가장 많았다. 소근육 운동은 소뇌의 기능으로, 아이의 소뇌를 발달시키면 똑똑해진다고 한다.

어릴 때 소근육 운동 감각을 키우려면 손을 자주 쓰는 활동을 하는 것이 좋다. 특별히 활동을 준비하지 않아도 생활에서 손으로 해보는 환경을 만들어 주면, 아이의 신경 회로를 자연스럽게 자극할 수 있다. **집안일은 아이가 손을 자주 쓰게 된다. 소근육 발달을 위해 따로 시간을 들여 애쓰지 않아도 된다.** 여러 가지 집안일을 하면서 충분히 손을 쓸 수 있다. 여러 연구 결과를 통해, 집안일은 아이에게 정신적·신체적으로 좋은 영향을 줄 수 있다는 것을 알 수 있었다. 아이들이 어릴 때부터 집안일에 참여하도록 해야 할 까닭이 분명했다.

아이는 분명 자라서 집을 떠나야 한다. 눈 깜짝할 사이에 커 버리는 게 자식이니, 그날은 내 생각보다 빨리 찾아올 것이다. 내가 아이들을 품에 끼고 가르쳐 줄 수 있는 날은 얼마 남지 않았다. 만약 어른이 된 아들이 "나는 엄마랑 있는 게 편해요. 계속 집에서 살래요"라고 말한다면? 내가 거절하겠다. 우리 집 현관문 비밀번호부터 바꾸리라.

홀로 살아갈 때 언제나 엄마를 찾게 할 수 없다. 나는 아이가 어른이 되었을 때 혼자서 살아갈 수 있는 능력을 키워 주기 위해서 집안일을 가르친다. 평생 엄마 곁에 머물면서 계속 도움만 바라는 '몸만 자란 사람'으로 키울 수 없다. 엄마 품을 떠나서 당당한 걸음으로 자신에 맞는 인생을 살 수 있다면 얼마나 좋을까? 세상에 나가서 부딪히며 배우고 이겨 내는 것이 삶이기에, 때가 되면 아이를 기쁜 마음으로 내보낼 것이다. 그날이 왔을 때 건강하게 헤쳐 나갈 수 있도록 지금부터 준비하고 있다.

그렇다면 사랑으로 일한다는 것은 무엇인가?
그것은 그대 심장에서 실을 뽑아 옷을 짜는 일과 같다.
마치 그대가 사랑하는 이가 그 옷을 입기라도 할 것처럼.

칼릴 지브란이 쓴 《예언자》에 나오는 〈일에 대하여〉라는 시다. 나는 이 시를 읽을 때, '일'을 '육아'로 바꾸어서 읽는다. 지금 내가 하는 가장 중요한 일이 육아이기에. 오늘도 내 심장에서 실을 뽑고 있다. 물론 실을 뽑는 동안에는 즐겁지 않다. 고통스럽고 힘들다. 왜 이렇게 힘겹게 아이를 키우고 있는가 싶다. 하지만 이 모든 시간은 내가 옷을 만들고 있는 날들이다. 아이는 내 심장에서 사랑으로 뽑은 실로 짠 옷을 입고 세상으로 나가게 될 것이다.

살다 보면 맑은 하늘에 구름 한 점 없이 기분 좋은 날을 만나겠지. 도대체 이 비는 언제 멈추나 싶을 정도로 큰비를 만나기도 할 테고. 추운 겨울에는 잔뜩 껴입어야 할지도 모른다. 그럴 때마다 엄마가 사랑으로 지어준 옷은 분명 아이를 보호해 줄 것이라 믿는다. 내

심장에서 빼낸 사랑의 실로 만든 따뜻한 옷. 두 아이가 집을 떠나는 날 마음에 넣고 갈 수 있도록, 기뻐하며 건네리라.

이 세상의 모든 부모는 아이를 사랑한다. 저마다 사랑을 표현하는 방법이 다를 뿐, 본질은 같다. 자식에게 가장 좋은 것을 주고 싶고, 성장에 이로운 것들은 다 해 주고 싶다. 이제는 멀리서 찾지 않아도 된다. 아이가 어릴 때 가정에서 집안일을 하도록 환경을 만들어 주는 것부터 시작이다. 이는 바로 우리 아이가 입을 옷을 만드는 일이다. 지금부터 아이와 집안일을 하나씩 해 보면 어떨까?

2 | 집콕 육아, 어떻게 하면 좋을까?

"아이 둘을 어떻게 집에 데리고 있어요? 답답하지 않아요?"

홈스쿨링을 할 때 지인들은 신기해하며 나에게 물었다. 하지만 홈스쿨링이라고 해서 두 아이와 온종일 집에서만 지낸 건 아니었다. 둘째 아이가 돌이 지나자, 데리고 다닐 수 있는 곳이 늘어났기 때문이다. 그동안 못 가본 곳을 여기저기 다녀보겠다며 나름 바쁘게 살았다.

그런데, 세상이 순식간에 바뀌었다. 마음 놓고 아이를 데리고 갈 곳이 이렇게까지 없어질 줄은 몰랐다. 코로나바이러스로 사회적 거리 두기 단계가 강화될수록 나부터 더 조심해야 했다. 유치원에 못 가게 된 건 물론이고, 무조건 안전하고 건강하게 지내야 하는 의무까지 더해졌다.

마음대로 도서관에 갈 수 없게 된 것은 가장 큰 충격이었다. 도서관은 아이들과 나에게 편안한 쉼터였다. 딱히 갈 곳 없는 날은 도서관을 가장 먼저 떠올릴 정도였다. 두 아이를 키우는 내내 육아에서 빠질 수 없는 곳이었다. 심지어 놀이터에 나가는 것조차 조심스러웠다. 어디를 가든 마스크를 써야 했다. 이처럼 바깥 활동에 제한이 걸린 덕에, 집콕 육아에 대한 고민은 쌓여만 갔다.

사실 홈스쿨링과 반강제로 하는 집콕 육아는 달랐다. 홈스쿨링은 아이가 어린이집을 거부했기 때문에 자발적으로 시작했지만, 이제는 등 떠밀려서 집콕 육아를 해야 했다. 내가 선택한 게 아니었다. 외부에서 요구하기에 따르는 거였다. 어쩔 수 없이 집에 있어야 하니까 답답한 정도의 차이가 컸다. 강제 집콕은 나에게도 새로운 과제였다. 도대체 언제까지 이렇게 지내야 하는 걸까? 앞날을 알 수 없으니 더 막막했다.

코로나 상황이 지속되며, 우리 집에는 한 가지 변화가 생겼다. 달마다 보드게임이 쌓이기 시작한 것이다. 나는 아동수당으로 보드게임을 샀다. 종일 엄마와 딱 붙어있는 아이들은 엄마와 함께할 수 있는 새로운 놀잇감을 원했다. 보드게임은 실내에서, 재미있게 할 수 있는 활동으로 적합했다. 그렇게 놀이 한 가지가 늘었다. 이외 교육적인 부분은 홈스쿨링을 할 때와 같았다. 이미 충분하게 고민하고 정한 것들이기 때문이었다.

내 육아 목표는 **'행복한 생활인 키우기'**다. 아이가 올바른 홀로서기를 할 수 있도록 기본 능력을 길러 주고 싶었다. 알맞은 시기에 독립해서 자기만의 생활을 하고, 어느 곳에서 살든 각자의 라이프 스타일을 찾기 바랐다. 이렇게 키우려면 어떤 것을 가르쳐야 할까? 내 머릿속에 떠오른 건 네 가지였다. **집안일, 책 육아, 엄마표 영어, 놀이밥**이 그것들이다. 어릴 때부터 꾸준히, 10년 동안 이런 활동을 한다면? 아이가 자라서 어느 나라를 가든, 무엇을 하든 잘 살 수 있을 것이다. 다른 건 못 해 줘도, 이것만큼은 아이가 제대로 할 수 있도록 충분히 도와주기로 마음먹었다.

1. 집안일

집 안은 아이에게 가장 좋은 배움터다. 밥하기, 빨래하기, 청소하기 따위를 제대로 배우면 어디서든 살 수 있다. 특히 첫째 아이는 남자아이기 때문에 어릴 때부터 집안일은 당연하게 해야 한다는 생각을 가지게 하고 싶었다. 그래서 주먹구구식으로 하기보다는 하나씩 제대로 가르치기로 했다.

2. 책 육아

책은 우리 인생을 풍요롭게 한다. 아이가 자라면서 직접 경험할 수 있는 것들은 한계가 있다. 책으로 여러 나라, 다른 시대를 여행하며 간접적으로 배울 수 있다. 책은 아이의 생각 주머니를 키워 줄 뿐 아니라 어휘력 발달에도 도움이 된다. 나는 책 육아의 방향을 그림책에서 고전까지 다양한 스펙트럼으로 잡았다. 아이가 "그만 읽어 주세요"라고 말하는 날까지 여러 가지 책을 읽어 줄 것이다.

3. 엄마표 영어

아이가 생활에서 자연스럽게 영어를 듣고 익히도록 환경을 만들었다. 오전에는 영어 DVD를 보고, 잠자기 전에는 영어 그림책을 읽어 준다. 집에서 노는 동안에는 흘려듣기를 한다. 영어 책이나 DVD를 살 때는 아이가 좋아하는 주제로 고른다.

4. 놀이밥

하루에 세 가지 활동을 중간중간 하고, 나머지 시간에는 놀이밥을 먹는다. 이때, 엄마가 주도해서 아이를 이끌지 않는다. 아이가 놀고 싶은 대로 실컷 놀아야 한다. 아이는 놀이밥을 충분히 먹고 배부를 때 행복하다. 아이에게는 원 없이, 자유롭게 놀 시간과 공간이 필요하다.

세계는 이제 코로나 이전인 BC(Before Corona)와 코로나 이후인 AC (After Corona)로 구분될 것이다.

퓰리처상을 받은 토머스 프리드먼이 〈뉴욕 타임스〉에 쓴 글이다. 지금은 이전과 다른 시대다. 인정하고 싶지 않지만, 이제는 머리에서 마음으로 받아들여야 하리라. 앞으로는 지금까지 내가 알던 것과 다른 세상이 열린다는 것을.

등 떠밀려서 시작한 집콕 육아는 힘들기만 하다. 하루를 어떻게 보내야 할지 막막하다. 확진자 수를 알려 주는 뉴스나 신문 기사를 보면 불안하다. 하지만, 언제까지 코로나 종식만 바라보며 손 놓고 무작정 기다릴 수 없다. 우리는 새롭게 길을 찾아 나가야 한다. 지금 이 시기를 집에서 내공을 쌓는 시간으로 바꿔서 보내면 어떨까? 장인이 공방에서 자신의 작품을 만드는 것처럼, 우리도 아이와 집에서 할 수 있는 일들을 해 보자. 분명히 가정에서만 아이들이 경험할 수 있는 것들이 존재한다.

이제 자신에게 진지하게 질문하고 답을 알아가야 할 시간이다. 코로나 이후의 시대에 잘 적응해 나가기 위해 어떤 길을 걸어야 할까? 아이와 집에 콕 박혀 있어야 하는 동안 무슨 능력을 길러주는 게 좋을까? 깊게 고민하고, 우리에게 알맞은 방법을 찾아야 할 것이다.

3 | 건강한 어른이 되는 초석

"어머나, 이 집은 아이들이 다 하고 있네요? 세상에나, 못하는 게 없네. 아이들이 바쁘네, 바빠. 하루가 짧겠어요."

"맞아요. 아이들이 일하느라 바빠요. 우리 집에는 우렁각시가 두 명이나 살고 있거든요. 가장 큰 아이인 남편은 집에 없어요. 괜찮아요. 건강하고 튼실한 일꾼이 둘이나 있으니까요."

"어떻게 그렇게 할 수 있죠?"

'그림책과 함께하는 집안일 놀이'란 주제를 온라인으로 강의하면서, 우리 집의 두 아이가 집안일을 하는 사진을 보여 주었다. 강의를 듣는 수강생들은 하나같이 놀랍다는 표정이었다. 어른에게도 쉽지 않은 집안일을, 학교도 아직 들어가지 않은 아이들이 대부분 참여할 수 있다는 말에 경악했다. 그게 정말 가능한 거냐고, 나도 할 수만 있다면 그렇게 하고 싶다는 반응이 여기저기서 터져 나왔다.

수강생들이 본 것처럼, 우리 집 두 아이는 엄마와 집안일을 같이 하느라 하루해가 노루 꼬리보다 짧다. 내가 하는 집안일 대부분은 아이들이 함께한다. 나는 현재 여덟 살 아들, 네 살 딸을 집안일 하는 건강한 일꾼으로 키우고 있다.

사실 처음에는 아이가 옆에 있으면 시간이 오래 걸렸다. 내가 뒤처리를 해야 하는 게 더 많았기 때문이다. 오히려 내 일거리만 늘어나는 기분이었다. 그런데 자꾸 하다 보니 아이들의 손이 야물면서 점점 엄마의 일감이 줄어드는 것이었다. 이제는 아이들끼리 잘 놀고 있을 때, 나는 누워서 쉰다. **그렇다면, 왜 가정에서 집안일을 가르치는 것이 중요할까?**

노동의 가치를 알고 매 순간 성취감을 느낀 아이들은 사회에 나가서도 자신의 재능과 기술에 자부심을 갖게 된다. 넓은 세계에서 당당하게 자신이 쓰임 받을 것이라는 믿음과 자신감으로 힘차게 나갈 수 있다. 더불어 노동의 고귀함을 배우면 어른이 되어 행복한 부자가 되는 길을 자연스럽게 몸으로 익히게 된다.

《우리 아이 부자 습관》에서는 위와 같이 말한다. 아이가 어릴 때부터 집안일을 하다 보면 노동의 가치를 배우고, 자신의 삶을 스스로 책임질 줄 아는 생활인으로 자랄 수 있다. 어릴 때 몸에 밴 습관으로 평생 사는 것이다. **집안일로 통찰력, 책임감, 자신감, 공감 능력, 성취감, 자존감, 자립심 등 삶에 필요한 수많은 능력을 키울 수 있다.** 내가 할 때는 하나도 재미없고, 티도 안 나는 집안일이 어떻게 아이에게는 이런 능력을 길러줄 수 있다는 걸까?

첫째 아이는 18개월부터, 둘째 아이는 17개월부터 아주 작은 부분이라도 집안일을 하게 했다. 가르쳐 보니 알았다. 아이들은 몸으로 해 보지 않으면 모른다는 것을. 누군가 알려 주지 않으면 아이들은 일해 보는 경험을 할 수 없었다. 집안일이야말로 아이들에게 세상에 나가기 전에 '노동', '일의 소중함'을 몸으로 알려 줄 수 있는 살아 있는 교육이었다.

집에서 배운 아이라면 밖에서도 자연스럽게 한다. 이미 여러 번 했던 일이니까. 생각하지 않아도 몸이 알아서 하고 있다. 아이에게는 너무나 익숙하니까. 하라고 강요하지 않아도 내가 하면 된다고 움직이는 능동적인 사람이 되는 셈이다. 스스로 밥을 해 먹고 치울 수 있는 아이라면 자립심은 저절로 따라오기 마련이다. 집안일은 가정에서 해 줄 수 있는 정말 좋은 교육이다.

나는 아이가 죽은 지식만 머릿속에 가득 찬 '지식 탱크'로 자라기를 바라지 않는다. 책을 읽고 생활 속에서 실천하며 살아가는 건강한 사람으로 키우고 싶다. 자기 자신만 생각하는 게 아니라, 다른 사람에게 유익한 것도 생각할 줄 아는 사람. 서로가 좋은 쪽으로 성장할 수 있도록 도우며 사는 어른으로 자라길 바란다. 집안일은 바로 그 밑거름이 된다. 아이가 어릴 때 집안일을 놀이처럼 느끼게 해서 즐겁게 배우는 것이 중요하다. 아이들은 노는 시간이라고 여길 때 더 잘 참여한다. 또한 아이들이 집안일 놀이로 얻을 수 있는 효과들이 있다.

첫째, 정서가 건강하게 발달한다. 어릴수록 자신의 감정과 생각을 언어로 표현하는 능력이 부족하다. 아이는 엄마와 함께 몸을 접촉하면서 정서적인 안정감을 느낀다. 집안일을 하면서 엄마와 몸을 비비는 시간이 늘게 되고, 아이의 정서에도 좋은 영향을 줄 수 있다.

둘째, 인지가 발달한다. 아이들은 놀이를 통해 자신을 표현하기도 하고, 세상에 필요한 지식을 자연스럽게 배워 나간다. 집안일을 놀이처럼 배우면서 시간, 숫자, 경제, 정리 정돈, 독해력을 편안하게 익힐 수 있다. 이 책의 2장을 참고하면 인지와 연결되는 공부머리의 기본을 집안일로 다져 줄 수 있다.

셋째, 자존감이 자란다. 아이는 놀면서 문제를 해결하는 방법을 배운다. 실패하더라도 다시 해 보는 연습을 통해, 실수해도 괜찮다는 생각을 심어 준다. 자존감이 높은 아이는 실패를 더 나은 방법으로 다시 해 보는 '도전'의 신호로 받아들인다. 집안일을 놀이처럼 대하다 보면 실수에 편안하게 대처하는 법을 익힐 수 있다. 또한 엄마와 일기를 쓰면서 자존감이 더 자랄 수 있다. 아이와 엄마의 자존감을 높이는 일기 쓰는 법은 5장에서 다루고 있다.

가장 중요한 것은 아이가 집안일을 놀이처럼 느끼도록 바꾸는 것이다. 놀면서 무한 반복으로 연습한다. 아이들의 세포 하나하나에 각인시키고 습관으로 만든다. 아이를 매우 건강한 일꾼으로 키우면 시간이 지날수록 엄마에게는 쉬는 시간이 생긴다. 이 모든 경험은 아이가 건강한 어른으로 자라는 밑거름을 만들어 준다.

두 손으로 노동할 때 우리는 세상을 공부하게 된다.
채소밭을 가꾸면서 나는 생각한다.
'왜 진작 이렇게 하지 않아 지금 같은 행복을 누리지 못했을까?'
채소밭을 만드는 데도 건강과 지식이 필요하다.

톨스토이가 쓴 《살아갈 날들을 위한 공부》에서 나온 글이다. 노동은 우리에게 많은 것을 가르쳐 준다. 몸을 움직여서 한 일이 정신까지 건강하게 해 준다. 집안일은 인생에서 가장 기본이다. 누구라도 배워야 하고 할 줄 알아야 한다. 그래야 어른이 되어서 건강하고 독립적인 생활을 할 수 있다.

　다른 사람이 해 주기를 바라기 전에 내가 먼저 하는 사람으로 만들어 주는 것이 바로 집안일이다. 이제는 아이를 귀엽고 사랑스러운 일꾼으로 키우면 어떨까? 엄마는 쉬고 아이들이 놀면서 일하는 감격스러운 순간이 우리를 기다리고 있다. 충분히 배운 아이는 건강한 어른으로 자라서 집 밖 세상으로 당당하게 걸어 나갈 것이다. 건강한 어른으로 키우기 프로젝트를 집안일 놀이로 시작해 보자.

'똥손' 엄마라도 괜찮아
• • •

"나! 나!"

둘째 아이는 내 옆을 졸졸 따라다니며 뭐든지 다 따라 했다. 시간이 바빠서 못하게 하면, 그 자리에서 눈물을 뚝뚝 흘리며 울었다.

"그래, 해 봐."

엄마의 허락이 떨어지자마자, 좋다고 웃는 아이를 보고 있으면 참말로 귀여웠다. 아이가 어릴수록 하고 싶어 하고, 참 좋아하는 집안일. 아이는 왜 자꾸 이걸 하겠다고 하는 거지? 나는 어떻게든 집안일을 안 하고 싶은데…. 엄마의 눈에는 정말로 이해가 안 되는 상황이다.

18개월 정도 된 아이들은 무엇이든 스스로 하고 싶어 한다. 자기 몸을 어느 정도 다룰 수 있는 때이기도 하다. 돌 전후로 아장아장 걷기 시작하는 아이들은 17~18개월 정도에는 대부분 잘 걷는다. 이때부터 아이는 자기의 주장을 온몸으로 말한다.

'나'를 수도 없이 외치며 제 몸으로 해 보려고 한다. 뜻대로 안 되면 그 자리에서 울지언정, 포기하지 않고 자꾸 시도한다. 집안일 하는 엄마 뒤를 졸졸 쫓아다니면서 딴에는 열심히 따라 하지만, 제대로 할 수 있을 리 없다. 가뜩이나 집안일이 끝도 없는데, 아이까지 나를 귀찮게 하는 것 같다.

많은 육아서에서 말하기를, 아이가 어릴 때부터 집안일에 참여하면 좋다고 한다. 읽다 보면 그 말이 참 맞네 싶다. '그래, 나도 아이를 시켜 봐야지. 아이한테 좋다는데' 굳게 마음을 먹고 아이에게 이것저것 시켜 본다. 그런데 막상 아이와 집안일을 하다 보면 내 생각처럼 되지 않는다. 속 터질 때가 정말 많다. 내가 하면 10분이면 끝날 일인데, 아이와 같이 하면 30분도 넘게 걸린다. 30분이 뭔가, 1시간은 족히 걸릴 때도 여러 번이다. 서투르게 일거리를 더 만들어 내는 꼴을 보고 있으면 속에서 열이 난다.

'이건 우리 집 아이 얘기가 아니야. 아이마다 다른걸. 그냥 내가 하는 게 속 편하지.'

난관에 부딪힌 엄마들은 아이가 어떤 부분의 집안일에 쉽게 참여할 수 있을지 고민하지 않는다. 본인이 빨리 처리하고 쉬자는 쪽으로 결론이 나는 경우가 많다. 그러다 보면 아이가 혼자 잘 놀거나, 낮잠을 잘 때 몰아서 집안일을 하게 된다. 어질러 놓은 장난감을 정리하고, 빨랫거리를 해결한다. 식사 시간이 다가오면 아이에게 영상을 보여 주고 엄마는 재빠르게 움직인다. 전쟁 같은 하루가 끝나고 누우니 온몸이 쑤신다. 제대로 쉬지도 못하고 하루를 날린 기분이다.

　게다가 집에 있는 시간이 늘어나니 아이와 노는 것까지 '잘'해야 할 것 같다. 그냥 두면 아이를 방치하는 어미가 된 것 같은 죄책감이 든다. 이러다 우리 아이만 뒤처지면 어떡하지? 내가 아무것도 해 준 게 없어서, 남들보다 못하면 어쩌지? 불안하다. 자꾸 걱정이 앞서지만, 초조한 마음과 다르게 머리에서는 딱히 색다른 생각이 떠오르지 않는다.

　아이를 낳으며 뇌도 함께 세상 밖으로 나온 게 틀림없다. 새롭게 생각해야 하는 상황에서는 도저히 머리가 움직이지 않는다. 집에서 어떤 활동을 하면 아이에게 좋을지 막막하다. 이대로는 안 되겠다! 아이디어라도 얻기 위해 급하게 인터넷 녹색창을 연다.

　'아이와 집에서 놀기', '집콕 놀이', '엄마표 놀이'로 검색하다 보면 이상하게 힘이 쭉 빠진다. 인터넷 세상에는 금손을 가진 엄마들만 넘쳐나는 것 같다. 여러 가지 좋은 활동을 보니, 나도 모르게 지갑을 열고 있다. 나는 똥손을 가진 엄마니까 제대로 된 만들기 키트라도 사줘야 할 것 같다. 금손 엄마의 도움 없이도 아이가 충분히 결과물을 건질 수 있을 테니까.

잠깐 지갑을 닫고 생각해 보자. 정말 금손 엄마가 되어야만 아이와 잘 놀아 줄 수 있는 걸까? 밤새 검색해서 찾아낸 키트를 사 줘야만 아이와 잘 노는 엄마가 되는 걸까? 아이가 종일 집에 있을 때, 무엇을 해야 서로에게 즐겁고 좋은 걸까?

"아무런 도움이 되지 않는 듯 보이는 지금의 공부 하나하나가 인간으로서 잘 살아가는 데 필요한 토대가 된다고 할 수 있다."

유명한 철학자 니체가 말했다. 자, 이제 우리가 집안일에 대한 시각을 바꿀 때다. 집안일이야말로 똥손 엄마도 아이와 할 수 있는 집콕 놀이다. 아이는 비싼 만들기 키트 없이도 '제대로 성장하는 시간'을 보낼 수 있다.

어차피 살기 위해서는 누구라도 집안일을 해야 한다. 그런데, 엄마 혼자서 하기에는 양이 많아도 너무 많다. 아이의 참여로 일을 나눈다면, 해야 할 일이 훨씬 줄어들 수 있다. 그렇게 되려면 아이가 자주 집안일을 해야 한다. 어떤 일을 잘하려면 자꾸 경험하는 수밖에 없다. 여러 번 하다 보면 실력이 자란다. 어느 순간이 되면 엄마의 도움 없이 아이가 해낼 수 있는 것들이 많아진다. 게다가 아이는 집안일을 좋아하고 놀이처럼 여긴다. 엄마가 하는 일을 자기도 할 수 있다며 자랑스러워한다. "엄마, 재미있어요. 또 할래요!"라고 말한다. 아이에게는 집안일이 '일'이 아니다. 아이들은 일과 놀이의 구분이 없다. 재미있고 좋아서 하면 그게 놀이다.

아이와 집안일 놀이를 할 때 가장 중요한 건 여유 있는 시간이다. 마음이 급할 때는 아이를 지켜보기 힘들다. 집안일 놀이를 한다면, 혼자 하는 데 걸리는 시간보다 훨씬 길게 잡고 하는 것이 좋다. 아이와 놀며 배우는 시간으로 생각하면 30분에서 한 시간이 꿀 같은 시간으로 바뀐다.

최대한 집 안에서 많은 시간을 보내야 하는 이 시기야말로 집안일을 놀이로 바꾸기에 가장 좋다. 집에 있는 시간이 많을수록 여유 있게 해 볼 수 있으니, 이때를 놓치지 말자. 처음에는 세상 정신없는

기분이지만, 하다 보면 시간이 훌쩍 지나간다. 꼭 잘하지 않아도 괜찮다. 아이가 편안하게 할 수 있는 수준에서 같이 논다는 마음으로 해 보자.

예를 들어, 식사를 준비할 때는 30분에서 한 시간 정도 당겨서 시작한다. 요리 과정 중 아이가 할 수 있는 부분에 참여하게 한다. 어린 둘째 아이는 달걀을 조금 풀어 볼 수 있고, 밥솥의 취사 버튼도 누를 수 있다. 여덟 살 아이는 뒤집개로 전을 뒤집고, 달걀말이를 칼로 먹기 좋게 자를 줄도 안다. 자기가 먹을 소시지도 굽고, 먹고 나서 그릇을 치우거나 자기 그릇 씻기도 척척 해낸다.

"뭔가 배울 수 있는 실수들은 가능하면 일찍 저질러 보는 것이 이득이다."

영국의 정치가인 윈스턴 처칠이 말했다. 처음부터 완벽하게 하기보다는 실수를 통해 성장하는 것이 좋다. **가장 편안하게 느끼는 장소인 집에서 실수하며 배우는 것은 아이를 자라게 한다.** 집안일 하는 시간을 아이가 놀며 익히는 시간이라고 생각하자. 집에 있는 시간이 넉넉하기에 전혀 급할 까닭이 없다. 아이와 놀아 주기 전에, 엄마부터 마음을 편안하게 먹어야 한다. 이제부터 아이와 집안일 놀이로 시간을 보내면 어떨까? 엄마표 만들기가 부담스러운 '똥손' 엄마에게 제대로 된 집콕 놀이가 펼쳐질 것이다.

2장

공부머리를 키우는
집안일 놀이

1 지금이 몇 시야?
시간 개념 배우기

유대인은 아이가 열세 살이 되면 손목시계를 선물한다고 한다. 시간을 곁에 두고 소중히 여기라는 뜻이다. 그들은 아이에게 몇 시, 몇 분, 몇 초까지 정확하게 가르친다. 유대인들은 어릴 때부터 시간을 함부로 쓰는 것은 돈을 잃어버리는 것과 같다고 배운다. 예를 들어, 아이가 10분 지각을 한다면 "1분은 1달러야. 10분 늦으면 10달러를 버린 거야"라고 가르치는 것이다. 이처럼 유대인 부모는 아이가 시간을 허투루 쓰지 않게 만든다.

시간은 돈으로 살 수 없기에 더욱 중요하다. 다른 사람과 관계를 맺을 때도 시간을 잘 지키는 것이 신뢰를 쌓는 방법이다. 만약 삶에서 꼭 배워야 할 기술 중 하나를 꼽으라면, 내 선택은 '시간 지키기'다. 경영학의 아버지인 피터 드러커 또한 "목표를 달성한 사람과 그렇지 못한 사람을 구분하는 것은 시간 관리다"고 말했다. 시간을 어떻게 쓰는지에 따라 목표에 다가서는 정도가 달라진다.

그렇다면 아이가 시간 개념을 정확히 갖도록 하려면 어떻게 해야 좋을까? 바로, **어릴 때부터 시간이 우리 생활과 깊게 연결되어 있다는 점을 느끼게 해 줘야 한다.** 아직 생각이 서툰 어린아이들은 몸으로 익히는 게 이롭다. 이때 간단한 요리를 통해 시간과 친해질 수 있다.

시간이 정해진 요리를 하면서 '몇 분'을 올바르게 넣어서 말해 주자. 요리 과정에 타이머를 이용하면 아이들은 눈으로 시간을 느낄 수 있다. 아래 몇 가지 요리는 아이에게 특정 시간을 알려 주기에 좋은 메뉴다.

1. 에어프라이어로 시간 배우기

에어프라이어로 탕수육이나 돈가스를 만들면서 10분에서 25분까지 자유롭게 알려 줄 수 있다. 나에게 에어프라이어는 사랑이다. 이 기계를 만든 이는 정말 위대한 일을 한 사람임이 틀림없다. 게다가 아이와 쉽게 요리하면서 정확한 시간을 가르치기에도 편하다. 아이와 활동을 할 때, 에어프라이어의 '눈금'을 제대로 가르쳐 주면 좋다. 아이에게 5, 10, 15…의 숫자가 '분'을 의미한다는 것을 알려 주고, 이 눈금을 시계처럼 볼 수 있다고 이야기해 주자.

"5까지 가면 5분, 10까지 가면 10분이야. 15까지 가면 뭘까? 맞아, 15분이야."

버튼을 아이가 돌릴 때, 엄마는 옆에서 아이가 듣도록 분까지 붙여서 말해 준다.

"15분이니까 15까지 돌리는 거야."

> **TIP** 에어프라이어의 버튼을 돌려놓은 뒤에, 시계나 타이머를 같이 보여 주면 아이의 이해를 더욱 도울 수 있다.

에어프라이어로 요리할 때, 아이가 참여할 수 있는 활동은 다음과 같다.

1) 에어프라이어의 온도를 맞춘다.
2) 재료를 에어프라이어에 넣는다.
3) 다 익은 것을 꺼낸다.

4) 집게로 음식을 잡는다.

5) 접시에 담는다.

6) 식탁에 나른다.

 ## 2. 만두로 시간 배우기

물만두는 끓는 물에 넣고 4분이 지나서 둥둥 떴을 때 건진다. 여기에서는 아이에게 4분을 알려 준다. "4분이 지나면 만두가 뜰 거야. 불 끄고 건지면 돼"라고 말해 준다. 타이머가 울리면 만두가 떠오른 것을 같이 확인한다. 전원을 끄고 만두를 망으로 건진다.

만두를 삶을 때, 아이가 참여할 수 있는 활동은 다음과 같다.

1) 냄비에 물을 알맞은 양으로 넣는다.

2) 전기 레인지(혹은 가스레인지) 전원을 켜거나 끈다.

3) 버튼을 올려서 물을 끓인다.

4) 끓는 물에 만두를 넣는다.

5) 만두를 긴진다.

6) 그릇에 담는다.

3. 팬케이크로 시간 배우기

팬케이크 반죽은 프라이팬에서 3분 정도 지나면 거품이 올라온다. 이때 팬케이크를 뒤집는 것을 알려 준다. 팬케이크 뒤집기를 3분마다 반복하며 익힐 수 있다. "타이머에서 3분이 줄어들면 뒤집는 거야"라고 설명해 준다. 팬케이크를 만들 때는 타이머를 30분에 맞춘다. 30분부터 3분씩 줄어드는 것도 아이가 배울 수 있다. 30, 27, 24, 21…. 3을 빼면서 줄어드는 감각을 익히는 방법이다. "지금 30분이니까 3분 줄이면 27분이야. 뒤집으면 돼. 다음에 3분을 빼. 24분에 뒤집으면 되겠지?"로 설명하며 아이의 이해를 돕는다.

팬케이크를 만들 때, 아이가 참여할 수 있는 활동은 다음과 같다.

1) 달걀을 깨뜨린다.

2) 우유를 양에 맞게 계량해서 넣는다.

3) 거품기로 섞는다.

4) 가루를 넣어서 젓는다.

5) 반죽을 국자로 떠서 프라이팬에 올린다.

6) 다 된 팬케이크를 접시에 담는다.

"모든 현재 시간은 영원 속의 작은 한 점이다."

《명상록》에서 아우렐리우스 황제가 말했다. 지금을 사는 아이들
에게 시간은 그저 지나가는 한 점일 뿐이다. 아이들은 몇 분이 흘렀
는지와 같은 개념을 이해하기 어려워한다. 시계를 정확하게 읽고 계
산하는 것 또한 힘들어한다. 아이가 시간 개념을 자연스럽게 받아들
이려면 눈으로 보고 반복해서 익히는 수밖에 없다.

무작정 시계 보기부터 가르치기 전에, 생활에서 시간과 친해지는 활동을 먼저 시작해 보자. 아이와 요리를 할 때마다 시간을 정확하게 알려 준다. 몇 분이라는 말에 익숙해지면, 다음 단계로 시계를 읽는 법도 가르쳐 줄 수 있다. 아이가 어릴수록 생활에서 여러 번 몸으로 익힐 때 재미를 느끼고 쉽게 기억한다. 시간과 친숙해질 수 있는 요리를 오늘부터 아이와 같이 해 보면 어떨까?

2 | 암산 천재로 만드는 숫자 놀이

'수포자'라는 말이 있다. '수학을 포기한 자'의 줄임말이다. 우리나라 고등학생 절반은 수포자라는 말을 할 정도로 아이들은 자랄수록 수학과 멀어진다. 심지어 초등학교 4학년이면 수학 운명이 갈린다는 말이 나올 정도다. 이때부터 아이들은 본격적으로 수학을 포기하기 시작한다. 아이들이 일찍부터 자신을 수포자로 여기며, 수학과 멀어지는 게 어떤 결과를 가져올까?

지금은 '빅데이터 시대'라고 말한다. 빅데이터big data란 디지털 시대에서 폭증하는 많은 양의 데이터를 관리하고 분석해서 유용한 정보로 사용하는 기술이다. 데이터에서 중요한 것은 숫자다. 2016년 스위스 세계경제포럼에서 발표한 〈직업의 미래〉 보고서에 따르면, 2020년까지 710만 개 이상의 일자리가 사라질 것으로 예상했다. 새로 생기는 200만 개의 일자리 중에는 인공지능, 빅데이터 분석과 연관된 직업들이 높은 비중을 차지했다. 데이터를 분석하고, 알고리즘을 설계하고, 인공지능을 개발할 수 있는 능력을 지닌 사람이 필요한 것이다. 수많은 데이터에서 수數를 제대로 다루고 분석할 수 있는 사람이 직업을 구할 때 더 많은 기회를 잡을 수 있다. 수학이 현시대의 핵심 역량으로 자리 잡고 있는 셈이다.

수학에서 가장 기본이 되는 개념은 무엇일까? 바로 '수 감각'이다. 수 감각은 수에 대한 직관으로, 숫자를 자유롭게 다룰 수 있는 능력을 말한다. 수 감각이 좋은 아이는 자유자재로 수를 합쳤다가 나눌 수 있다. 숫자 5를 1과 4, 2와 3으로 볼 줄 아는 것이다. 이런 능력은 다음 단계인 셈하기, 곱하기로 연결된다.

미주리대학교 심리학 교수인 데이비드 기리는 아이들이 수 감각이 부족하기 때문에, 수학에서 어려움을 겪는다고 말했다. 인지 과학자들은 수 감각이 좋은 아이들이 자라면서 수학을 잘하고, 수포자가 될 확률이 낮다고 주장했다. 미국 빈곤층 아이들의 수학 성적이 낮은 까닭은 어린 시절 수 감각을 발달시키는 자극을 받지 못했기 때문이라는 연구 결과도 있다.

그렇다면, 아이들이 어릴 때부터 수와 친해질 수 있도록 가정에서 어떻게 도와주면 좋을까? **수 감각이 탄탄하게 자리 잡기 위해서는 눈과 손으로 많이 보고 만져야 한다.** 아이는 집안일 놀이로 자연스럽게 수와 친해질 수 있다. 과연 어떤 집안일 놀이가 아이의 수 감각을 길러 줄 수 있을까?

집에서 간단하게 해결할 수 있는 한 끼로 '주먹밥'을 만들 수 있다. 재료도 주먹밥 가루, 밥, 참기름으로 매우 간단하다. 먼저 큰 그릇을 준비한 뒤, 재료를 아이들과 같이 그릇에 넣는다. 아이가 주걱으로 섞어 보게 하고 엄마가 마무리한다. 잘 섞인 밥을 아이가 먹을 만큼 덜거나, 엄마가 나눠 준다. 자유롭게 주먹밥을 손에 굴려서 만든다. 물론 혼자 하기 힘들면 엄마가 도와줘야 한다. 그 다음엔 완성된 주먹밥을 같이 세어 본다. 숫자를 셀 때는 단계를 나눠서 할 수 있다.

1단계 : 자기가 만든 것을 센다

아이가 몇 개를 만들었는지 물어본다. 엄마와 같이 주먹밥을 하나씩 세어 본다.

2단계 : 다른 사람이 만든 것을 센다

"엄마는 몇 개 만들었지?"나 "동생은 몇 개 만들었지?" 같은 질문을 던지며 다른 사람이 만든 주먹밥을 세어 본다.

3단계 : 두 사람이 만든 주먹밥을 합친다

더하기 개념을 배우는 단계다. "OO이와 엄마가 만든 건 모두 몇 개일까?" 질문을 던진다. 두 사람이 만든 것을 합치면 몇 개일지 생각해 보고, 세어서 확인한다.

수 감각을 키우기 위해서는 눈에 보이는 물건을 많이 세어 봐야 한다. 1단계에서는 내 앞에 있는 물건을 하나씩 세는 것을 반복한 다. 훈련하다 보면 아이는 하나씩 짚어 보지 않아도 눈에 물건이 보 이는 대로 바로 몇 개인지 말할 수 있다.

그 뒤에 다른 사람 물건 도 몇 개인지 금방 알아본 다. 2단계까지 익숙해지면 더하기를 해 볼 수 있다. 물건을 세어 보면서 자연 스럽게 '더하기는 두 가지 가 합쳐지는 것'이라는 개 념을 배울 수 있다. 몸으로 충분히 느끼며 이해를 했 을 때, 비로소 숫자를 보고 연습하는 단계에서도 잘 적응할 수 있다.

2. 쿠키로 수 감각 익히기

　아이와 쿠키를 만든다. 전체 개수를 세고 아이에게 쿠키를 주기 전에, '몇 개'를 먹을지 물어본다. 아이는 자기가 먹을 개수를 스스로 정한다. 이때는 4단계로 나눠서 연습할 수 있다. 한 단계가 익숙해지면 그다음 단계로 나간다. 처음에는 엄마와 같이 세다가, 다음에는 자기가 먹을 개수만 혼자 대답하게 한다. 수를 스스로 세는 것이 익숙해지면, 더하기 단계까지 차츰 해 나갈 수 있다.

1단계 : 5 아래에 있는 수와 친해지기

"쿠키를 다섯 개까지 먹을 수 있어. ○○이는 몇 개 먹고 싶어?"
다섯 개 안에서 먹을 쿠키의 개수를 아이가 정하게 한다. 아이가 말한 개수를 하나씩 세면서 말해 준다.
"하나, 둘, 셋. 세 개를 먹으면 되겠구나."

2단계 : 10과 친해지기

열 개 안에서 아이가 먹을 수를 정한다.
"우리가 쿠키 열 개를 만들었네. 몇 개 먹고 싶어?"

두 가지 수를 더해서 5를 만드는 방법이다. 1+4, 2+3, 3+2, 4+1의 조합으로 만들 수 있다.

"오늘 만든 쿠키를 엄마와 너 모두 합쳐서 다섯 개 먹을 수 있어. OO이는 몇 개 먹고 싶어?"

엄마의 질문에, 아이는 자기가 먹을 개수를 말한다.

"그러면 엄마는 몇 개 먹을 수 있지?"

두 개수를 합치면 5가 되는지, 수를 하나씩 세어 보면서 확인한다.

"OO이는 세 개 먹고 엄마는 두 개 먹었어. 우리는 오늘 모두 몇 개 먹었지?"

두 가지 수를 더해서 10을 만드는 방법이다. 1+9, 2+8, 3+7, 4+6, 5+5, 6+4, 7+3, 8+2, 9+1의 조합으로 만들 수 있다.

"너랑 나랑 합쳐서 열 개 먹을 수 있어. 몇 개씩 먹을까?"

아이와 자연스럽게 말하면서 나눈 것을 합치는 연습을 한다.

마지막으로, 각자의 개수를 센다. 두 개수를 더하는 게 익숙해졌다면 응용 단계까지 갈 수 있다. 두 사람이 먹을 개수 정하기에서 세 사람으로 늘린다. 세 가지 수를 더해서 5가 되는 연습을 할 수 있다. 1+3+1, 1+2+2, 2+2+1, 2+1+2, 3+1+1, 1+1+3과 같은 조합을 만들 수 있다.

"쿠키가 다섯 개 있어. 하민이, 지민이, 엄마가 같이 몇 개씩 먹으면 좋을까?"

아이가 어릴 때부터 수 감각을 키울 수 있도록 생활에서 꾸준히 해 보자. 집안일 놀이로 하는 숫자 배우기는 하루만 반짝하는 게 아니다. 여러 날을 천천히 반복하는 게 좋다. 대신 아이가 부담을 느끼지 않도록, 요리를 마친 다음에 개수만 한 번 세어 보는 정도로 넘어간다. 날 잡아서 공부하듯이 가르치지 않도록 주의하자. 아이에게 음식을 줄 때도 몇 개 먹을지, 오늘은 몇 개 먹을 수 있는지 알맞게 알려 준다.

아이가 숫자 세기에 익숙해지면 자연스럽게 더하기로 넘어간다. 엄마와 말하면서 더하기와 빼기를 하다 보면 암산으로 계산하는 능력을 갖추게 된다. 하지만 이때, 아이는 엄마가 무슨 의도를 가졌는지 몰라야 한다. 그저 '먹기 전에 몇 개인지 세어 보는구나', '서로 몇 개씩 나눠 먹을 수 있겠구나' 수준으로만 여기게 한다. 아이가 일상에서 수와 편안하게 지내는 환경을 만들어 주는 것에 마음을 쓰자.

엄마가 자꾸 확인하거나, 지금 평가받고 있다는 느낌이 드는 순간 아이는 입을 다물어 버린다. 스치듯 자연스럽게 하는 것이 좋다. 하루에 한 번만 해도 괜찮다. 아이가 틀려도 엄마는 올바른 답만 말해 주고 넘어간다. 이 시간은 아이를 앉혀 놓고 정확하게 가르치는 시간이 아니다. 간식을 먹으며 아이가 개수 세기를 배운다고 여기지 않도록, 엄마의 세심한 눈치 전략이 필요하다. 오늘부터 우리 아이가 일상에서 편안하게 수와 친해지도록 도와주면 어떨까?

3 보고, 듣고, 느끼는 경제 공부

지인에게 들은 재밌는 이야기다. 하루는 지인이 여섯 살 난 딸과 함께 산책하다가, 이런 대화를 나누었다고 한다.

"엄마, 나 배고파요. 과자 사 주세요."
"엄마가 지금 돈이 없는데, 어쩌지?"
"카드로 사면 되죠."

요즘 아이들은 돈이 없으면 카드를 긁으면 된다는 것을 알고 있다. 앞으로는 카드가 없으면 휴대폰으로 하면 된다는 것도 배우게 될 것이다. 주머니에 돈을 가지고 있지 않아도 소비하기 참 쉬운 시대다. 이러한 분위기 때문인지, 아이들에게는 따로 돈 쓰는 법을 가르쳐 주지 않아도 빠르게 배운다. 그러므로 아이들이 올바른 경제 관념을 가질 수 있도록, 가정에서는 돈에 대한 개념을 더 일찍 알려 주어야 한다. 과연 우리는 아이에게 돈에 대해서 어떤 것을 가르칠 수 있을까?

1. 돈으로 교환할 수 있다

돈을 내고, 값에 맞게 물건을 바꿀 수 있다. 이는 가장 먼저 배워야 하는 부분이다. 돈을 가지고 상점에 가면 필요한 물건과 교환할 수 있다.

2. 돈은 기회가 된다

돈은 새로운 기회를 준다. 돈이 있으면 지금 원하는 것을 가질 수 있다. 한 가지를 선택하면 다른 것은 포기해야 한다는 점에서 기회비용이다. 따라서, 내가 중요하게 생각하는 가치와 기준에 따라 돈을 쓴다.

3. 정해진 예산 안에서 쓴다

집마다 한 달에 쓸 수 있는 돈이 있다. 월급이 정해져 있기 때문이다. 여기에서는 숨만 쉬어도 나가는 돈(공과금 등)이 있다. 아이에게 가정 경제가 어떻게 돌아가는지 솔직하게 말해 준다. 왜 정해진 예산 안에서 써야 하는지를 설명한다.

이처럼 기본적인 세 가지 개념을 가르쳐 준다. 여기에 실제 돈으로 거래하는 실습을 추가로 해 본다. 아이는 현금으로 물건을 사 보는 경험을 할 수 있다. 주어진 금액 안에서 구매와 판매라는 개념을 익힐 방법은 다음과 같다.

1. 만 원 안에서 장보기

아이와 장을 보러 갈 때, 의도적으로 현금 사용법을 가르친다. 장을 보기 전에, 오늘의 예산 '만 원' 안에서 살 수 있다고 말한다. 사야 할 물건을 금액에 맞게 정한다. 아이 앞에서 종이에 목록을 쓴다. 아이가 글씨를 쓸 수 있으면 직접 써도 된다. 돈을 내면 거스름돈을 받아야 한다는 것도 미리 알려 준다.

장바구니를 챙긴 다음, 가게에 가서 장보기 목록을 보고 같이 찾는다. 아이가 앞장서서 찾은 물건을 하나씩 카트에 담는다. 계산대에서도 아이가 돈을 내도록 한다. 거스름돈과 영수증을 스스로 챙기게 한다. 집에 돌아오면 영수증을 보며 샀던 물건은 몇 개인지, 물건마다 값이 얼마인지, 오늘 총 얼마를 썼는지 이야기 나눈다.

2. 정해진 예산으로 간식 사기

 1000원이나 2000원 안에서 간식을 사 본다. 가게에 아이 혼자 들어가서 물건을 사 오는 연습을 할 수 있다. 가기 전에 무엇을 먹고 싶은지 미리 생각해 본다. 이후에 다른 것으로 바꿔도 괜찮지만, 예산에 맞게 사야 한다는 것을 강조한다. 엄마는 밖에서 기다린다.

 실제로 지인 가족과 만났을 당시 각각 여섯 살, 일곱 살이었던 아이 둘만 가게에 들어가서 간식을 사 오는 연습을 했다. 2000원씩 가지고 들어간 아이들은, 잠시 후 웃으면서 간식과 거스름돈을 들고 나왔다. 우리 아이는 1500원짜리 과자 한 봉지와 거스름돈 500원을 가져왔다. 지인의 아이는 껌, 사탕 몇 개와 거스름돈 600원을 쥐고 있었다. 두 아이의 선택을 주제로 이야기를 나누며, 같은 돈으로 서로 다르게 살 수 있다는 것도 배울 수 있었다. 이처럼 각자 중요하게 생각하는 부분에 따라 돈을 다르게 쓰는 것을 이해하고 학습한다.

3. 사고파는 놀이 하기

아이와 시장 놀이를 하거나, 보드게임을 한다. 보드게임 중 '부루마불', '모노폴리', '모두의 마블'과 같은 게임으로 건물 구매·판매를 배운다. 게임 중 엄마의 차례에서는 돈마다 액수가 적힌 대로 읽어준다. 도시의 값은 얼마인지 정확하게 알려 주고, 금액을 어떻게 맞춰야 할지 설명해 준다.

"부산은 50만 원이니까 10만 원 다섯 장 내야겠다. 10만 원, 20만 원… 50만 원이네."

엄마의 순서에는 다양한 방법으로 계산해서 보여 준다.

"50만 원이니까 10만 원 세 장, 20만 원 한 장 내야겠다."

하루는 아들이 화장실에서 큰일을 보다가 급하게 엄마를 외쳤다. 부리나케 달려간 나를 보며 아이는 한껏 기쁜 목소리로 말했다. "엄마! 내가 하나 발견했는데요. 50만 원이 네 개면 200만 원이에요!" 집안일 놀이와 보드게임으로 돈을 학습하다 보니, 이제 머리로 계산도 할 수 있게 된 것이다. 아이 처지에서는 '유레카'를 외칠 만한 일이었을 게다. 돈을 자유자재로 다룰 수 있게 되었으니, 얼마나 신나고 가슴 벅찼겠는가?

돈은 우리 삶과 떨어질 수 없다. 기본적인 생활을 하기 위해서는 돈이 꼭 필요하다. 어느 정도의 돈을 소유하는 것은 행복과 연결되고, 더 나은 삶을 살 수 있다는 연구 결과가 있다. 샌디에이고 주립 대학교의 심리학 교수인 진 트웬지Jean Twenge 연구팀은 1972년부터 2016년까지 자료를 모았다. 4만 명이 넘는 30세 이상의 미국인을 대상으로, 사회 경제적 지위와 행복도의 관계를 조사한 것이다. 많은 양의 자료를 분석한 결과, 돈과 행복의 관계는 변화했으며, 돈이 행복에 미치는 영향력이 최근 들어 강해지고 있다는 사실을 확인할 수 있었다.

"여섯 살 아이에게 돈에 관한 공부를 가르쳐도 되나요?"

이 질문에 세계에서 손꼽히는 부자인 워런 버핏이 답했다.

"이미 늦었습니다. 돈의 가치를 배우는 데 어린 나이란 없습니다."

집안일 놀이를 통해 돈의 가치를 아이에게 제대로 알려 주자. 돈에 밝고, 돈의 가치를 잘 알고 쓰는 아이로 키우면 어떨까? 돈과 친한 아이는 경제에도 자연스럽게 눈을 뜰 수 있다. 자본주의 사회에서 돈의 흐름을 읽을 수 있는 눈을 가진 아이라면, 어른이 되어서 현명하게 자기의 삶을 꾸려 나갈 수 있을 것이다.

4 정리를 놀이처럼! 분류의 신

"악! 이게 뭐야!"

지나가다가 나도 모르게 작은 블록 하나를 밟았다. 눈물이 찔끔 나올 만큼 고통스러웠다. 아픔이 가시자, 아이들이 정신없이 어질 러 놓은 거실이 보였다. 저걸 오늘도 또 치워야 한다고? 한숨이 절 로 나오고 하기 싫은 마음이 몸을 지배했다.

어느 날, 나는 생각을 바꾸기로 했다. 아이들은 노는 걸 좋아하 니, 이참에 정리도 놀이로 바꿔서 해 볼까? 아이들이 논다는 기분을 느낄 수 있도록, 정리 정돈에 재밌게 변화를 주기로 했다. 꾸준히 해야 하는 일이 조금이라도 신나는 활동으로 변한다면 얼마나 좋을 까? 정리는 하고 나면 기분이 좋고 집도 깨끗해진다. 나와 아이 모 두에게 이득이다. 게다가 정리 정돈은 앞으로 학교에서 배울 교육 과정을 미리 학습하는 데에도 도움을 줄 수 있다.

2020년 기준, 초등학교 2학년 수학 교과서의 한 단원으로 '분류하기'가 나온다. 분류하기란 한 가지 기준에 따라서 물건을 나누는 것을 뜻한다. 모양, 색, 종류에 따라서 같은 것끼리 모은다. 이때 분명한 기준을 세우는 것이 가장 중요하다. 이것이 분명하지 않으면 분류한 결과가 다르게 나올 수 있다.

같은 것끼리 모으는 정리 정돈을 생활에서 충분히 연습하면, '분류하기'라는 추상적인 개념을 머리로 편안하게 받아들일 수 있다. 이미 해 본 것과 연결 지을 때, 새로운 내용을 머리로 쉽게 받아들일 수 있기 때문이다. 공부를 쉽게 하려면 기본 개념을 정확하게 이해하는 것은 필수다. 개념이 중요한 과목 중 하나는 수학이다. '약속을 공부하는 과목'이기 때문이다. 수학 문제를 잘 풀기 위해서는 낱말의 의미를 잘 이해하고 있어야 한다. 중요한 낱말의 뜻을 올바로 알지 못하면 문제를 풀 때마다 헷갈린다. 그러면 문제를 틀리기 쉽다.

어릴 때부터 아이들은 가정에서 분류하기를 연습할 수 있다. 역시나 집안일 놀이를 통해서다. 집안일에 있어서 분류하기는 기본 중 기본이다. 기준에 따라 알맞게 나눌 수 있으면 정리 정돈 또한 쉽게 되기 때문이다.

집에 있는 물건에 알맞은 자리를 정해 주는 것도 분류하기다. 해당하는 것만 그 자리에 놔야 하기 때문이다. 이처럼, 어릴 때부터 정리 정돈을 놀이로 하면 자연스럽게 분류하는 방법을 가르칠 수 있다. 아이와 함께 할 수 있는 정리 놀이는 다음과 같다.

1. 장난감 정리 놀이

우리 집은 전쟁터다. 여기저기 아이들 물건이 돌아다닌다. 놀 때마다 계속 치우기 보다는, 잠자기 전에 딱 한 번 정리하는 습관을 만들고 있다. 평소에는 아이들이 자유롭게 마음껏 놀기를 바라기 때문이다. 아래 순서를 참고해, 아이들의 정리 정돈 능력을 높여 보자.

1. 기준 정하기

"이제 정리하는 시간이야. 장난감 친구들을 집에 데려다주자."

"엄마, 뭐부터 해야 해요?"

아이는 무엇부터 해야 할지 정하기 어려워한다. 눈앞에 정리할 물건들이 많아도 너무 많기 때문이다. 오죽 어질렀어야 말이지. 나는 속으로 말한다.

'네가 정신없이 해 놓은 거야. 가지고 놀고 바로바로 치우면 얼마나 좋아!'

마음은 그럴지라도, 이렇게 된 김에 분류하는 법을 배울 수 있다는 생각으로 기준을 제시한다. 아이가 선택하는 재미를 느끼도록, 두 가지 중에서 고를 수 있게 질문을 한다.

"블록 넣을래, 보드게임 넣을래?"

또는 블록 안에서도 색만 정해서 해 볼 수 있다.

"빨간 블록 넣을래, 파란 블록 넣을래?"

2. 물건 찾기 대결

특정 장난감을 누가 더 빨리 찾아내는지 시합한다. 타이머로 시간을 정해 놓는다. 알람이 울리기 전까지 빠르게 찾는다. 혹은 장난감의 개수를 정해서 누가 먼저 개수만큼 넣었는지 경기한다. 아이들은 "그냥 네가 알아서 치워"라고 할 때보다 게임으로 바꿔서 할 때 더 잘 움직인다.

3. 집에 데려다주기 놀이

이전 단계에서 찾은 물건들을 알맞은 집에 데려다준다. 이때, 물건이 원래 있던 장소가 정확할수록 아이들이 제대로 움직인다. 머릿속에 물건의 집이 자리 잡혀있기 때문이다. 블록이 가야 하는 곳, 책이 가야 하는 곳, 자동차가 가야 하는 곳…. 위치를 올바르게 알수록 행동으로 옮기기 쉬우니, 평소에 물건마다 자리를 제대로 정해둔다. 그곳에 맞는 물건을 놓는 걸 연습하는 것이 좋다.

2. 장 본 재료 정리 놀이

아이와 장 본 재료를 정리할 수 있다. 먼저, 사 온 물건을 냉장고 앞에 갖다 놓는다. 아이에게 무엇을 넣고 싶은지 고르게 한다. 정리라는 행동을 '집 찾아 주기 놀이'로 바꿔 준다.

"우유의 집은 어디일까?"

냉장고, 냉동실, 간식 서랍 따위 자리에 알맞게 재료를 넣도록 한다. 평소 어디에 무엇을 놓아야 하는지 알려 주자. 아이는 장을 보고 온 다음에 스스로 정리하는 습관을 편안하게 만들 수 있다.

3. 빨래 정리 놀이

장난감 정리와 마찬가지로, 다 마른 빨래를 개어서 가져다 놓을 때도 놀이로 바꿔서 연습할 수 있다.

1. 빨래 찾기 대결

빨래 더미에서 특정한 것을 재빨리 찾는 게임이다.

"줄무늬 수건은 어디 있게?"

"파란색 양말은 어디 있게?"

누가 먼저 찾는지, 누가 많이 찾는지를 시합해 본다. 조금 더 응용해서 자기 물건 빠르게 찾기도 할 수 있다. 발견한 것은 모아 놓은 다음에 하나씩 갠다.

2. 빨래 배달 놀이

다 갠 빨래를 세자리에 기저다 둘 때는 배달 놀이를 한다. 요즘 아이들은 택배와 친하므로 택배 기사로 변신해서 활동할 수 있다. 자동차를 좋아하는 아이라면 운전기사가 될 수 있다.

"기사님, 팬티 배달해 주세요."

엄마의 부탁에 아이는 속옷을 찾아내서 갖다 놓는다. 30개월 되었던 딸도 자기 것, 아빠 것, 엄마 것, 오빠 것을 귀신같이 찾아냈다.

"정리하기 싫다는 마음도 저한테서 나오는 것이었고, 해 보지 않아서 익숙하지 않아서 그런 거였어요. 막상 아이와 함께 해 보니까 하나도 힘들지 않고 재미있게 할 수 있었어요."

내가 했던 집안일 놀이 온라인 모임에서 '하루 10분 정리 놀이'를 함께한 분이 한 말이었다. '이걸 대체 언제 다 치우나', '애는 왜 이렇게 어지르기만 하는 걸까?' 하며 툴툴대기보다는 '우리 아이는 정리하며 분류 천재가 되고 있어', '나는 아이와 정리하며 재미있게 놀고 있어'로 생각을 바꿔 보자. 우리 아이 또한 수학에서 중요한 '분류하기' 개념을 놀면서 배우고 있다. 자연스럽게 학습할 수 있도록 하루 한 번, 10분 정리 놀이를 해 보면 어떨까?

독해력과 메타 인지의 기본 다지기

• • •

학교에 들어가서 국어를 잘하려면 어떤 능력이 필요할까? 바로 '독해력'이다. 독해력이란 글을 읽고 글 안에 담긴 뜻을 올바르게 이해하는 능력이다. 독해력이 뛰어난 사람은 단순하게 글자를 읽는 수준에 머무르지 않는다. 더 나아가 은유, 반대말, 숨겨진 의미, 작가의 의도까지 파악할 수 있다. 이처럼 높은 수준의 독해력을 얻기 위해서는 많은 글을 읽고 생각하는 과정이 필요하다.

아직 글자를 모르는 아이들은 먼저 글자와 친해지는 환경부터 만들어 주면 좋다. 가장 손쉬운 방법은 어렸을 때부터 부모가 책을 읽어 주는 것이다. 계속 이야기를 들으며 자라는 아이들은 어느 순간 글자마다 의미가 있다는 것을 깨닫는다. 그리고 엄마에게 묻는다.

"이건 무슨 글자예요?"

이때부터 아이는 그동안 자주 봐 왔던 책을 찾아 혼자서 더듬더듬 읽기 시작한다. 엄마가 자주 읽어 주던 책은 내용을 이미 알기에 술술 읽을 수 있다. 이 과정을 반복하다 보면, 어느 순간 문장 수준으로 자연스럽게 읽게 된다. 글자가 의미하는 말이 무엇인지 아이 스스로 깨닫는 감격스러운 때를 맞이한다. (이 시기는 아이마다 다르다.)

부모는 책을 시작으로, 다양한 종류의 글을 읽어줄 수 있다. **의외로 아이에게 읽어 주면 유익한 것 중 하나는 '설명서'다.** 이것은 주로 어떤 물건이나 제품을 새로 샀을 때, 새로운 기능을 배울 때 쓴다. 아이에게도 설명서를 제대로 읽는 법을 알려 주자.

아이와 집에서 만들어 먹기 좋게 나온 제품들은 순서대로 만드는 법이 나와 있다. 어떤 요리를 하기 전에 요리 방법을 보는 것부터 아이가 하도록 도와주자. 이는 일상생활에서 아이의 독해력을 길러 주는 활동이다. 사실 설명서는 그림책처럼 친절하지 않다. 아이가 이해하기 어려운 낱말이 많이 있다. 그럴수록 여러 번 들려주고 친절하게 설명해 주자. 사용 설명서를 제대로 읽으면, 독해력을 기르는 데 도움을 준다.

아이들이 설명서와 친해지려면 어떻게 해야 할까?

1. 요리하기 전, 레시피 함께 읽기

만드는 방법을 아이와 함께 읽는다. 글씨를 읽지 못하는 아이라면 엄마가 천천히 읽어 준다. 대부분 위쪽에는 그림으로, 아래쪽에는 글로 되어있다. 하나씩 아이에게 짚어 가며 알려준다.

"요리할 때는 이걸 보고 따라서 해 보는 거야."

실제로 요리를 할 때는 한 문장씩 읽어 주고, 아이가 할 수 있는 부분에 참여시킨다. 이 훈련을 거치면 엄마가 곁에 없을 때도 아이 혼자 레시피를 읽고 따라 만들 수 있다.

2. 기계 사용 전, 사용 설명서 함께 읽기

기계를 쓰기 전에 아이와 사용 설명서를 읽는다. 어떻게 사용해
야 하는지, 주의할 점들은 무엇인지 꼼꼼하게 살펴본다. 만약 아이
가 글씨를 읽지 못하면 엄마가 읽어 주고, 글씨를 안다면 아이에게
맡긴다.

단, 글씨를 읽을 때는 문장을 소리 내서 천천히 읽게 한다. 아이
가 어릴수록 글씨를 눈으로 읽는 것보다 소리로 들을 때 더 잘 이해
한다. 중학생 정도가 되어야 읽고 이해하는 능력과 듣고 이해하는
능력이 같아진다는 한 연구 결과도 있다. 그전까지 아이들은 귀로
들었을 때 더욱 잘 이해한다.

3. 모르는 단어 찾아보기

독해력은 어휘력과 가장 가깝게 연결되어 있다. 내가 얼마나 많
은 단어를 알고 있는지에 따라 독해하는 능력에 차이가 생긴다. 글
에 나온 낱말을 알아야 정확한 의미를 파악할 수 있다. 아이가 모르
는 단어가 나온다면 물론 엄마가 설명해 줄 수 있다. 하지만 제대로
해 주는 데는 한계가 있다. 전문가가 아닌 이상, 모든 단어의 쓰임
을 올바르게 알기는 어렵기 때문이다. 잘 모르는 단어는 사전에서
찾아보고 뜻을 정확하게 배우는 게 유익하다. 집에 국어사전을 두
고 언제라도 찾아보는 습관을 만들어 주자.

빌 게이츠가 어릴 적, 그의 가정에는 특별한 문화가 있었다고 한
다. 식구들이 모여서 밥을 먹다가 모르는 단어가 나오면 누구든 가

서 사전을 펼치는 것이다. 사전에 나온 뜻을 같이 있는 사람들이 들을 수 있도록 크게 읽어 주었다. 빌 게이츠처럼 우리 집에서도 사전으로 뜻 알려 주기 문화를 만들면 어떨까?

4. 한 번 더 정리하기

설명서를 다 읽었다면, 먼저 아이에게 물어본다.

"어떻게 하래?"

그러면 아이는 자신이 듣거나 읽은 것을 한 번 더 생각한다.(그림을 보며 말해도 상관없다.)알게 된 지식을 말로 하면서 더 정확하게 이해한다. 누군가에게 설명할 수 있을 때, 지식은 비로소 내 것이 된다. 아이의 메타 인지를 기르기에 좋은 방법이다.

메타 인지는 내가 무엇을 알고 모르는지를 아는 능력이다. **공부를 잘하는 아이와 못하는 아이의 큰 차이점이 바로 메타 인지다.** 공부를 잘하는 아이일수록 내가 알고 있는 것과 모르는 것을 정확하게 구분할 수 있다. 어떤 부분을 잘 모르는지 제대로 파악하면 무엇을 보충해서 공부해야 할지 판단할 수 있다.

아이가 알게 된 것을 설명할 때 집중해서 들어 주자. 가정에서 어릴 때부터 '말하기 놀이'를 하면 메타 인지를 기르는 데 도움이 될 수 있다.

5. 실제로 도전하기

설명서를 읽고 직접 요리를 해 보거나 기계를 다뤄 본다. 알게 된 것들은 행동으로 옮길 때 진정한 의미가 생겨난다. 내가 필요할 때 쓸 수 있는 지식이어야 진짜 내 것이나 다름없다. 글만 읽고 실제로 해 보지 않으면 생각했던 것과 다를 수 있다. 만들면서 더 올바르게 이해하고, 다른 것까지 응용할 수 있다.

"유야, 너에게 안다는 것이 무엇인지 가르쳐 줄까? 어떤 것을 알면 안다고 하고 알지 못하면 알지 못한다고 하는 것, 이것이 진정으로 아는 것이다."

《논어》에서 공자는 말한다. 이처럼 진정으로 아는 것을 배우기 위해서, 어릴 때부터 다양한 설명서를 올바르게 이해하고 따라 해 보는 것을 가르쳐 주자. 설명서를 제대로 읽고, 똑바로 실행할 줄 아는 아이는 어떤 것이든 도전하며 배우리라. 오늘부터 아이의 독해력과 메타 인지를 높일 수 있도록, 설명서를 이용한 놀이를 해 보면 어떨까?

3장

하루 한 번이 만드는
습관

1 | 매일 아침,
이불 정리는 게임으로

"와, 이걸 네가 알아서 한 거란 말이야?"

황금 같은 토요일, 나는 오전에 주어진 나만의 자유 시간을 누리고 집에 들어갔다. 내가 문을 여는 순간, 첫째 아이가 뛰어왔다.

"엄마, 이리 와 봐요!"

엄마에게 꼭 보여 주고 싶은 것이 있다는 얼굴이었다. 솔직히 말하면, 뭐 별거 있을까 싶어서 큰 기대 없이 따라갔다. 그런데 놀랍게도 내 앞에 높이 쌓여 있는 무언가가 보였다. 이게 진정 사실인가 싶어서 눈을 비비고 다시 보았다. 아이가 깔끔하게 정리해 놓은 이부자리였다. 한쪽에는 이불을 개켜서 쌓아 두고, 다른 쪽에는 베개 탑을 만들어 놓은 것이다. 나는 깜짝 놀라서 아이에게 물어봤다.

"이거 누가 한 거야?"

"저랑 지민이가요."

"아빠가 이불 개라고 그랬어?"

"아니요. 제가 알아서 했어요."

누가 시키지 않았는데도 이불을 정리하다니, 세상 기쁘고 신나는 순간이었다. 아이가 대견해서 감탄과 물개 박수가 절로 나왔다. 사실 그동안 아침에 아이를 데리고 이불 정리를 할 때마다 한 번씩 생각하곤 했다. '내가 먼저 말하지 않아도 아이가 알아서 이불을 개는 날이 올까?' 그런데 내 예상보다 더 빨리 이런 날을 맞이할 줄이야. 아이가 잘 하지 않으려 해도 포기하지 않았더니, 이렇게 깜짝 놀랄 만한 결과를 맞이했다. 이것이 반짝 선물일지라도 괜찮다. 단 한 번이라도 스스로 해냈다는 경험은 이로우니까, 이때를 기억하면 어디에서도 스스로 이불을 갤 수 있을 것이다.

우리 식구는 방바닥에서 같이 잔다. 원래는 침대가 있었다. 그런데 둘째 아이가 태어나기 몇 개월 전에 침대를 없애 버렸다. 결혼 전에는 신혼살림에서 침대는 무조건 사야 하는 가구인 줄 알았다. 살 때도 두근두근 설레었다. 이 침대 저 침대 누워 보며 행복한 신혼을 꿈꿨다. 시간이 흘러 아이를 낳고 보니, 침대는 위험하고 자리만 넓게 차지하는 애물단지가 되었다.

첫째 아이가 갓난아기일 때는 별문제 없었다. 하지만 좀 자라서 여기저기 걷고 오르기 시작하면서 바뀌었다. 아이는 특히 침대에 올라가서 방방 뛰는 것을 즐거워했다. 먼지가 풀풀 날리게 뛰면서 까르르 웃었다. 이게 뭐라고 저리 좋아하나 싶으면서, 그 모습이 사랑스러워서 침대에서 놀고 싶을 때마다 마음껏 뛰게 놔두었다.

그러던 어느 날, 침대에서 격하게 뛰던 아이가 순간 밑으로 고꾸라졌다. 자지러지게 우는 아이를 안고 병원에 허겁지겁 달려갔다. 심장이 멎는 줄 알았지만, 다행히도 아이에게는 별일이 없었다. 또 다른 날은 나와 침대에서 자다가 바닥으로 떨어지기도 했다. 위험한 일들이 하나씩 생기자, 둘째를 임신하면서 결심했다. 이 거대한 물건을 집에서 꼭 빼내고 말리라. 침대를 치우는 날에는 속이 다 후련했다. 아이가 다칠 일이 없다는 것만으로도 마음이 놓였다.

단순하게 침대만 없어지면 좋을 줄 알았는데, 뜻밖에 한 가지 문제가 생겼다. 이불을 개느냐, 그냥 두느냐였다. 침대가 있을 때는 자고 일어나서 이불만 펼치면 끝이었다. 그런데 바닥에서 이불을 깔고 자게 되자, 상황이 바뀌었다. 이불을 개지 않으면 아이가 놀면서 질 겅질겅 밟고 다녔다. 여기저기 뒹굴고 있는 베개도 보기에 좋지 않았다. 마음으로는 늘 불편해하면서도 그냥 두었다.

어느 날, 하루에 딱 5분만 시간을 내면 이불을 정리할 수 있다는 글을 보았다. 보자마자 '딱, 이거다!' 싶어서 바로 실천했다. 그 뒤로 남편과 아이들이 일어나면 나 홀로 이불을 개기 시작했다.

"엄마, 나도 해 볼래요."

이불을 개고 있는 나를 보던 첫째 아이가 말했다. 나는 그동안 아이에게 이불 정리를 가르쳐야겠다고 생각하지 않았다. 혼자서 개는 것이 속 편했기 때문에, 아이가 잘 놀고 있을 때 후다닥 처리해 버렸다. 같이 하면 5분이 뭔가. 턱없이 오래 걸릴 뿐만 아니라, 이불을 개키려고 하면 아이는 꼭 이불을 밟고 놀았다.

스스로 하고 싶다고 할 때야말로 가르치기 제일 좋은 때다. 아이 입에서 먼저 나왔으니 어쩌겠는가? 이불을 개는 방법을 알려 주기로 했다. 첫째 아이는 내가 보여 주는 대로 잘 따라왔다. 시간도 생각보다 오래 걸리지 않았다. '왜 이제야 가르쳤을까'하는 생각과 함께, 아이의 습관으로 자리 잡았으면 좋겠다는 마음이 들었다. 다음은 아이가 쉽게 따라 할 수 있는 이불 정리 방법이다.

1. 이불을 펼친다

이불 전체를 바닥에 넓게 펼쳐 놓는다.

2. 절반만 접는다

한쪽 끝을 잡고 다른 쪽 끝까지 가게 접는다.

3. 절반 더 접는다

한번 접은 상태에서 나머지를 접는다.

이불 정리를 알려 줄 때는 크기가 작은 것부터 해야 아이가 힘들 어하지 않는다. 아이용 이불을 개는 법부터 가르쳐 주자. 먼저 전체 과정을 아이에게 보여 주고, 아이가 직접 할 때는 가장 마지막 단계 부터 참여하게 한다.

엄마가 대부분 접어 놓은 이불을 마지막으로 아이가 한 번 접는 다. 다음에는 아이가 두 번 접을 수 있게 한다. 마지막으로 아이 혼 자 이불 전체를 접어 본다. 작은 이불을 아이 스스로 정리할 수 있 게 되면, 더 큰 이불로 옮겨서 같이 한다. 단, 큰 이불을 다룰 때는 두께가 얇은 이불부터 하는 것이 좋다. 이불 정리가 익숙해지면 두 꺼운 이불까지 해낼 수 있다.

이불을 개는 방법을 터득했다면, 이제 습관으로 만들기 위해서 같이 논다. 우리 집에서 자주 하는 방법은 '집 쌓기 놀이'다. 이 놀

이는 이불을 개고, 널려 있는 베개를 모을 때 하면 좋다. 게임을 시작하기 전에, 아이와 누가 집을 더 높이 쌓을지 내기를 한다. 이불을 개고 나서 그 위에 베개를 올린다. 각자 쌓고 난 다음에 한 개를 1층으로 해서 세어 본다.

"넌 몇 층 집이야? 엄마는 3층."
"난 5층으로 만들었어요. 와, 내가 이겼다!"

다 쌓고 나서 몇 층으로 만들었는지, 누가 더 높이 쌓았는지 이야기 나눈다. 자꾸 하다 보면 자연스럽게 10 아래 수와 함께 '더 높다', '더 낮다'는 높이 개념과도 친해질 수 있다.

자식을 낳아 자라서 조금 지식이 있게 되면 마땅히 착한 길로 인도해 나가야 한다. 만일 어리다고 해서 가르치지 않으면 그 어린아이가 장차 어른이 되어도 그 습관을 마음에서 버리지 못하므로 착한 것을 가르치기란 몹시 힘들게 마련이다.

조선 시대 천재 학자로 손꼽히는 율곡 이이의 《격몽요결》에 나온 글이다. 좋은 습관이 되는 행동은 아이가 어릴지라도 가르치라는 의미다. 자녀를 사랑할수록 잘 알려 주어야 한다. 아침마다 하는 이부자리 정리는 아이가 어른이 되어서 아침을 건강하게 시작하도록 도와줄 것이다.

행동이 몸에 배려면 어떻게 해야 할까? 답은 오직 반복뿐이다. 계속 몸으로 해 봐야 하고, 그러려면 재미있어야 한다. 아이들은 놀이처럼 여겨야 움직이기 때문이다. 이제는 이불 정리를 놀이로 바꿔서 해 보자. 놀이로 반복하다 보면 생각하지 않아도 어느 순간 몸이 자동으로 움직이게 될 것이다. 사실 해야 할 일은 이불 개기와 베개 정리지만, 오늘도 아이에게는 놀자고 바꿔 말한다.

"오늘은 엄마가 더 높이 쌓아야지!"

2 | 17개월부터 시작하는 청소기 놀이

랜선으로 만난 벗들과 '집안일 놀이로 할 수 있는 아이 키우기' 활동을 할 때, 청소기 쓰는 법을 같이 연습한 적 있다. 당시 한 분이 고민을 털어놓았다.

"저는 이 과제가 고민스러워요. 비싼 청소기가 아이 손에 들어간다 생각하면 불안해요. 그러다 고장 나거나 깨지면 어떡해요? 그동안 아이는 해 보고 싶어 했는데, 한 번도 허락한 적 없었어요."

왜 아니 그렇겠는가? 엄마 기준에 비싼 물건일수록, 아이가 건드리지 않았으면 하는 마음은 똑같다. 그런데 신기하게 아이들은 눈치가 백 단이다. 오히려 하지 않았으면, 만지지 않았으면 하는 걸 꼭 해 본다. 엄마가 하지 말라는 건 우선 저지르는 게 아이들이다.

이런 때는 차라리 아이가 잘 사용할 수 있게 미리 가르치는 편이 낫다. 무작정 못 쓰게 하기보다 제대로 이용할 수 있게 기회를 열어 주자. 못 하게 하던 행동을 허락해 주면, 신난 아이들은 엄마의 말에 귀를 기울인다. 아이들도 잘 해내고 싶은 마음이 가득하다. 앞서 고민을 털어놓았던 그분의 아이도 생각보다 청소기를 더 잘 다뤘을 뿐 아니라, 허락해 준 엄마에게 고마워했다고 한다. 해 보기 전에는 아무도 알 수 없다. 천천히, 여유 있게 배울 수 있도록 아이를 이끌어 주자.

어느 날, 두 아이가 영어 DVD를 보는 동안 나는 간식을 챙겨 주고 낮잠을 잤다. 그런데 한숨 자고 일어나 보니, 거실 바닥에는 과자가 잔뜩 떨어져 있었다. 과자 봉지는 한쪽 구석에 누워 있었다.

"바닥에 이게 다 뭐야?! 이거 누가 그랬어?"
"지민이요."

첫째 아이의 지목에, 둘째 아이는 해맑게 웃으며 '나'라고 외쳤다. 나는 왜 이렇게 되었는지 아이들에게 묻지 않았다. 바닥에 잔뜩 널려 있는 과자를 보자마자 소리부터 질렀다.

"그만 보고 당장 과자 부스러기 치워!"

웃으며 DVD를 보던 아이들은 '이게 지금 무슨 상황인가' 하는 눈으로 나를 바라봤다. 첫째 아이는 벌떡 일어나서 일시 정지 버튼을 누르고 빠르게 움직였다. 오빠가 봉지에 과자를 담자, 둘째 아이가 따라서 했다. 첫째 아이는 조금 뒤에 청소기를 들고 왔다. 청소기로 바닥에 남은 부스러기를 다 치운 다음, 아무 일 없다는 듯이 DVD 를 이어서 봤다.

아이들에게는 대단한 재능이 있다. 깨끗이 치운 집도 5분 안에 전쟁터로 바꾼다. 과자는 여기저기 떨어트리고, 주스는 잘 흘린다. 이런 일은 너무도 빈번해서, 치우나 안 치우나 무슨 차이가 있나 싶기도 하다. 이상하게 집안일은 열심히 해도 티가 안 난다. 그렇다고 며칠 동안 방치하면, 발 디딜 곳 찾기가 힘들다. 이런 환경에서 아이에게 무엇을 가르쳐 주면 좋을까?

나는 청소기 쓰는 법을 제대로 알려 주고 싶었다. 아이들이 워낙 잘 흘리며 먹으니까, 스스로 뒷정리를 하는 걸 배우면 좋겠다고 생각했다. 물론 내가 하면 아이보다 훨씬 재빠르게 치울 수 있다. 하지만 언제까지고 아이가 어지른 것들을 쫓아다니며 치워 줄 수 없지 않은가. 어릴 때부터 자기가 할 수 있도록 키우는 게 낫다고 판단했다. 방법을 배우고 연습하느라 시간이 좀 걸려도, 나중에는 엄마와 아이 모두에게 더 이롭다. 첫째 아이는 엄마의 뒤를 졸졸 따라다니던 17개월부터 청소기를 편안하게 만져 보며 조금씩 하게 했다. 둘째 아이 역시 비슷한 시기에 시작했다.

청소기는 17개월부터 간단하게 사용을 시작할 수 있다. 청소기 쓰는 법을 처음 가르칠 때 어떻게 하면 좋을까? 아이가 해야 할 행동을 아주 작게 나눈 다음, 아이가 할 수 있는 단계부터 찾는다. 따라 하기 쉬운 부분을 아이에게 맡기고, 단계를 거칠 때마다 아이가 성취감을 느끼게 한다.

아이가 어릴수록 쉽게 참여를 이끌 수 있는 단계를 찾아보자. 굳이 1단계부터 차례로 하지 않아도 괜찮다. 만약 한 단계가 익숙해지면 다른 단계도 해 보게 한다. 사용 방법을 제대로 알려 주면, 엄마의 모습만 보고 따라 하는 것보다 올바르게 배울 수 있다. 7단계까지 완료하면 아이는 혼자서 청소기를 쓸 줄 안다.

1단계 : 청소기를 찾는다

집 안에 청소기 두는 곳이 어딘지 찾아본다. 아이에게 문제를 내도 된다.
"우리 집에는 청소기가 어디 있게?"
숨바꼭질하는 느낌으로 다가간다. 청소기를 모르는 어린아이에게는 청소기가 있는 곳을 알려 준다.

2단계 : 청소기를 충전기에서 뺀다

청소기를 충전기에서 빼는 법을 보여 준다. 처음에는 엄마 손을 잡고 함께 하고, 다음에는 아이가 손으로 빼 본다. 이때, 청소기가 아파할 수 있으니 천천히 빼 줘야 한다고 설명한다.

3단계 : 알맞은 툴을 고른다

넓은 바닥을 밀 때 함께하는 친구, 좁은 곳을 치울 때 함께하는 친구를 소개한다. 아이가 원하는 대로 선택하게 할 수 있다.

4단계 : 청소기에 툴을 끼운다

고른 툴을 청소기에 끼워 본다. 이때, 방향에 딱 맞게 넣어야 하는 것을 알려 준다.

아이가 할 때는 집 전체를 다 하지 않고, 구역을 좁혀 준다. 아이가 쉽게 할 수 있을 만한 곳을 제시한다.

"놀이방이랑 거실 중에서 어디 해 보고 싶어?"

선택지를 주고, 아이가 고르게 한다.

아이가 고른 곳에 가서 청소해 본다. 처음에 할 때는 쓰레기를 미리 모아 주고, 그를 빨아들이는 연습을 해 봐도 좋다.

아이에게 다 쓴 청소기는 밥을 먹어야 한다고 알려 준다. "집에 가서 배불리 먹고 또 만나자!"고 인사한다.

엄마가 방법을 말하지 않아도 스스로 부스러기를 치울 정도가 되려면, 아이는 청소기를 계속 써 봐야 한다. 이때는 놀이를 통해 청소기를 사람처럼 만들어서 이야기를 나누면 좋다. 아이가 청소기 친구와 함께한다는 마음을 가질 수 있도록 도와준다. 청소기를 이용해 아이와 노는 방법은 다음과 같다.

1. 청소기는 어디 있을까?

청소기가 집 안의 어디에 있는지 알아맞히거나, 누가 먼저 찾는지 대결해 본다.

2. 청소기가 먹을 쓰레기는 어디 있을까?

치워야 할 쓰레기를 찾는다. "쓰레기들이 다 꼭꼭 숨어 있나 봐. 어디 있나 찾아볼까?"라고 재미있게 표현하며 쓰레기를 찾아서 빨아들이도록 유도한다.

3. 청소기가 배고파요!

청소기를 밀고 다니며 쓰레기를 흡입하는 것을 밥 먹여 주는 것으로 표현한다. 다 하고 나면 "청소기가 배불러서 기분이 좋대"라고 아이에게 말해 준다.

4. 청소기가 똥 쌌어!

먼지 통 속의 쓰레기를 비워줄 때 하는 놀이다. 쓰레기를 빼내고, 쓰레기통에 버리는 것까지 해 본다. '똥'이라는 단어만 나와도 좋아하는 아이들은 재미있어한다.

"나는 생각한다. 고로 존재한다."

서양 근대 철학의 출발을 알렸던 프랑스 철학자 데카르트가 한 말이다. 그 말을 "나는 청소한다. 고로 존재한다"로 바꾸어 보자. 집에서 부모와 재밌게 청소한 추억들이 많을수록, 아이는 청소를 긍정적으로 생각하며 자랄 것이다. 자신의 몸을 움직여 청소하는 것은 집이라는 공간 안에서 기분 좋게 존재하는 사람으로 살기 위한 알맞은 태도다.

나는 두 아이에게 바란다. 5분 안에 온 집안을 엉망으로 만드는 재능뿐만 아니라, 청소기로 금방 치울 수 있는 사람으로 자라길. 청소는 즐겁고, 좋은 일이며, 완료하고 나면 상쾌하다는 걸 몸으로 배우길. 어디에서든 진정 존재하는 어른으로 살아가길 말이다.

3 쓰레기차가 나가신다

　어린아이를 키우는 가정은 집을 항상 깨끗하게 유지하며 살 수 있을까? 실제로 그게 가능한 일일까? 육아와 청결이 공존하는 집을 보면, 많은 엄마가 부러움과 놀라움이 섞인 감탄을 내뱉는다. 사실 보편적인 집은 아이들이 늘어놓은 물건으로 발 디딜 틈이 없고, 아이들이 먹고 버린 쓰레기로 쓰레기장이 따로 없다. 대체 육아를 하면서 어떻게 깨끗하게 살 수 있단 말인가?

　깨끗한 집을 위해서는 딱 두 가지를 잘하면 된다. **첫째, 사용한 물건은 제자리에 가져다 놓는다. 둘째, 쓰레기는 바로 쓰레기통에 버린다.** 아이가 어릴 때는 온 집을 어지르며 놀기 바쁘다. 만약 이때 아이 뒤를 따라다니며 그때마다 물건을 제자리로 옮기면 어떤 결과를 맞게 될까? 자칫하면 온종일 갖다 놓기만 하다가 하루해가 저물어 버린다. 아니면 때마다 아이에게 뾰족한 잔소리가 나간다. "이거 치우고 놀아!" 그러므로 물건 제자리 가져다 놓기는 저녁에 한 번만 하면 된다. 잠자기 전에 어느 정도 정리된 집만 봐도 마음이 편안하기 때문이다.

대신 중요한 건 쓰레기다. 먹고 난 쓰레기는 바로 버리도록 연습해야 한다. 눈에 보이는 쓰레기만 줄어도 집에는 훨씬 여유가 생긴다. 아이들과 함께하는 시간 동안, 쓰레기만이라도 제때 버리자는 목표를 세우고 놀아 보자. 과연 어떤 식으로 아이들과 놀면서 쓰레기를 바로 버리는 습관을 만들 수 있을까?

그림책 중에 《냄새차가 나가신다!》라는 책이 있다. 쓰레기차가 밤에 하는 일을 재미있게 그린 책이다. 이 책에서 나오는 '쓰레기차'를 주인공으로, 쓰레기 버리는 것을 놀이로 바꿀 수 있다. 자동차를 좋아하는 아이라면 대부분 좋아할 놀이다. 우리 집의 첫째 아이, 둘째 아이 모두 재밌어한다. **이를 참고해 쓰레기를 버릴 때, 아이가 알아야 하는 세 가지 사항이 있다.**

1. 우리 집에는 쓰레기차가 산다
아이들이 쓰레기차로 변신할 수 있다.

2. 쓰레기는 가야 할 집이 있다
쓰레기는 쓰레기통이 집이다. 우리 집에 쓰레기통이 어디에 있는지 보여 준다.

◖. 쓰레기를 집에 데려다준다

쓰레기차는 쓰레기를 집에 데려다주는 일을 한다. '택배' 혹은 '배달'이라는 말로 바꾸어서 쓸 수 있다. 아이들이 쉽고 재미있게 이해한다.

아이가 쓰레기 버리기 3단계를 이해했다면, 이제는 노는 시간이다. 쓰레기를 바로 버리는 놀이를 통해 청결한 습관을 만들어 보자. 아이들과 할 수 있는 활동은 다음과 같다.

⭡. 누가 먼저 쓰레기 버리나?

"매트 위에 과자 봉지가 쓰러져 있습니다!"

엄마가 멘트를 재미있게 바꿔서 쓰레기가 있는 곳을 알려 준다. 과연 누가 먼저 잡아서 쓰레기통에 버리는지 시합한다. 이때, 엄마가 목소리를 변형해서 말해 주면 아이가 더 재미있어한다.

2. 쓰레기통에 골인!

쓰레기통 앞에서 쓰레기를 던져 넣는 것이다. 거리를 점점 뒤로 해서 난이도를 높일 수 있다. 쓰레기를 한 번에 뭉쳐서 통 안에 쏙 넣는 활동도 해 볼 수 있다.

3. 쓰레기를 찾아라

공간과 시간을 정해 놓고, 빠르게 쓰레기를 찾는다. 타이머를 1~2분 정도로 짧게 맞춰서 누가 더 많이 찾았는지 개수를 센다. 아이에게 1분, 2분이라는 시간 개념도 함께 알려 줄 수 있다.

4. 나는야, 냄새차

그림책에 나오는 냄새차로 변신한다. 쓰레기를 차가 먹어 치우는 것처럼, 돌아다니며 쓰레기를 작은 바구니나 봉지에 담는 놀이다. 집에 있는 카트나, 쓰레기를 담을 만한 통이 있는 자동차를 밀면서 다니면 더욱 실감난다.

또한 쓰레기를 버릴 때 알려 주어야 할 것 중 하나는 '분리수거'다. **아이가 잘 이해할 수 있도록 분리수거를 쉽게 풀어서 설명한다.** 분리수거를 다루고 있는 그림책을 읽어 줘도 괜찮다.

1. 쓰레기별로 가야 할 집이 다르다

종이, 유리, 플라스틱, 비닐, 음식물, 일반 쓰레기로 나눠서 버린다는 것을 알려 준다.

2. 종류에 맞게 데려다준다

"종이가 플라스틱네로 가면 어떻게 되는 줄 알아?"

"삐삐!" (말로 경보음을 울려 주기)

"집을 잘못 찾으셨습니다." (기계음처럼 말해 주기)

이처럼 아이들이 재미있어하는 말로 바꿔서 말해 준다.

아이와 밖에 나갈 때는 분리수거를 해서 버려야 할 쓰레기를 봉지나 상자에 담는다. 특정한 날만 버려야 한다면 달력에 표시하고 아이와 쓰레기장에 가서 버린다. 가정에서 알맞게 버리는 방법부터 패스트푸드점, 카페처럼 바깥에 나가서 알맞게 버리는 법까지 연결해서 연습한다. 이때 엄마가 대신 버려 주는 것보다 아이가 스스로 하게 한다.

《플라스틱 섬》과 같은 환경 관련 그림책으로, 우리가 쓰레기를 줄이는 것이 중요하다는 것도 설명해 줄 수 있다. 전 세계를 병들게 하는 코로나는 '바이러스가 인간에게 알려 주는 자연의 경고'라는 말이 있다. 영화 〈컨테이젼〉에 나오는 전염병 이야기는 지금 코로나 팬데믹의 모습과 아주 비슷하다. 자연을 함부로 대한 결과가 전염

병 발생으로 다시 우리에게 돌아온다는 내용의 영화다. 사회학자이자 미래학자인 제러미 리프킨은 최근 인터뷰에서 '기후 변화'를 코로나 팬데믹의 주요 원인으로 꼽았다.

자연 보호에 대한 아이들의 의식 수준을 높이려면, 올바른 분리수거처럼 사소한 것을 배우는 데에서 출발할 수 있다. '나비 효과'라는 말이 있다. 나비의 날갯짓처럼 작은 일이 폭풍우와 같은 커다란 변화를 일으킬 수 있다는 의미다. 쓰레기 분리수거는 아마 나비 효과처럼 돌아올 것이다. 아이들과 함께 쓰레기 알맞게 버리기, 쓰레기 줄이는 법을 찾아보고 실천하면 어떨까? 쓰레기에 대한 올바른 생각과 실천은 우리 세대보다 미래를 살아가야 할 아이들이 꼭 배워야 할 교육이다.

일단 오늘은 재미있게 쓰레기차가 되어 놀아보자. 우리 집 바닥의 쓰레기가 바로바로 사라지는 날까지, 아이들의 행동이 습관으로 자리 잡는 날까지. 그날이 올 때까지 쓰레기차와 계속 함께 살아가겠지. 뭐 어떤가. 아이가 쓰레기를 보고 제대로 버릴 수만 있다면? 대만족이다.

4 | 아이와 함께 하는 걸레질 놀이

친정 부모님은 늘 걸레질을 꼼꼼히 하셨다. 확실히 걸레로 닦고 나면 바닥이 반짝반짝 빛나서 좋아 보였다. 그런데 우리 집에서 하기는 왜 이리 귀찮은지…. 항상 '걸레질도 하면 좋긴 할 텐데'라는 생각만 해 왔다.

어느 날, 지인 집에 놀러 가서 물걸레 청소기를 발견했다. 마치 신세계와도 같았다. 물티슈로 쓱쓱 닦는 것보다 훨씬 나아 보였다. 우리 집도 반짝이는 바닥을 볼 수 있겠다는 기대까지 생겼다. 게다가 걸레질을 편하게 해 준다기에 고민하지 않고 샀다.

그런데 이 기쁨은 살 때뿐이었다. 걸레질을 안 하던 사람인지라, 좋은 물건이 생겨도 습관으로 만들지 못했다. 처음에만 쓰고 갈수록 쓰지 않아서 물걸레 청소기에는 먼지만 폴폴 쌓였다. 앞을 지나칠 때만 '해야 하는데'라는 불편한 마음이 들다가 금세 사라졌다.

"나, 이거 해 보고 싶어요."

아이가 베란다 한구석에 서 있기만 했던 물걸레 청소기를 가리켰다. 맞아, 아이랑 같이 하면 되지! 불현듯 좋은 생각이 스쳤다. 마침 집안일 놀이에 빠진 아이에게 걸레질하는 법을 가르치기로 했다. 그렇다면, 아이에게 어떻게 알려 주는 것이 좋을까?

먼저 걸레질하는 법을 아주 작은 단계로 나누었다. 내가 나눈 건 모두 10단계다. 이 중에서 우리 아이가 가장 쉽게 할 수 있는 것부터 찾는다. 1단계부터 차례대로 해도 되고, 아이가 좋아할 단계부터 해도 괜찮다. 물론 전체를 한 번에 다 하지 않고, 여러 날로 나눠서 해도 좋다. **가장 중요한 것은 작은 일이더라도 아이에게 성공의 기쁨을 안겨 주는 것이다.**

1단계 : 걸레를 찾는다

우리 집에 걸레가 어디 있는지 알려 준다. 물걸레 기계를 쓰는 우리 집은 기계와 걸레를 두는 곳이 다르다. 걸레를 말리는 곳과 기계를 두는 곳을 각각 알려 준다.

2단계 : 걸레에 물을 묻힌다

아이들은 대개 물로 하는 활동을 좋아하기 때문에, 걸레에 물을 묻히라고 하면 신나 한다. 물을 묻힌 후 걸레를 짠다. 아직 완전하게 짜는 건 어려울 수 있으니, 엄마가 마무리해 준다. 이때, 물이 뚝뚝 떨어지지 않게 짜야 한다는 걸 알려 준다.

3단계 : 걸레를 붙인다

물걸레 기계를 눕히고, 동그라미 안에 걸레를 대고 붙인다. 정확한 곳에 알맞게 붙이도록 연습할 수 있다. 엄마가 한쪽을 붙여 주면, 아이가 나머지를 붙여 볼 수 있다.

4단계 : 코드를 꽂는다

우리 집 어디에 코드를 꽂을 수 있는지 찾아보면서, 콘센트는 기계를 쓸 때만 꽂아야 한다는 점을 일러 준다. 가장 넓은 반경으로 걸레질 할 수 있는 콘센트의 위치를 가르쳐 준다.

5단계 : 걸레질할 곳을 정한다

아이와 걸레질을 할 때는 구역을 작게 나눈다. 집 전체를 아이가 다 닦지 않아도 된다. 거실, 아이 방, 부엌, 안방 중에서 어디를 하고 싶은지 고르게 한다. 아주 작은 부분만 해도 성공한 것으로 여긴다.

6단계 : 걸레질한다

첫째 아이가 물걸레 기계를 밀고 다니고, 선이 기계에 들어가지 않게 엄마가 선을 잡아준다. 곁에 있는 둘째 아이에게는 기계에 손을 넣지 않도록 주의를 시킨다. 또는 걸레만 떼서 아이들이 같이 닦는 데 참여할 수 있다.

다 쓴 걸레를 떼어내서 빨래하는 법을 알려 준다. 물을 틀고 걸레에 물을 묻힌다. 비누로 비벼 준 다음, 비눗물이 없어질 때까지 물로 잘 헹군다. 마지막으로 걸레의 물기를 짠다. 이 과정을 하나씩 보여 주며 설명한다. 어떤 부분을 하고 싶은지 먼저 물어보고, 아이가 선택하게 해도 괜찮다.

8단계 : 걸레를 넌다

베란다에 걸레를 널어놓는다. 잘 마를 때까지 두는 걸 알려 준다.

9단계 : 기계의 선을 정리한다

물걸레 기계의 코드를 빼고 선을 돌돌 마는 법을 보여 준다. 초반에는 엄마가 말아 주고, 나머지는 아이가 따라 해 보도록 한다.

10단계 : 원래 자리로 가져다 놓는다

아이와 함께 물걸레 기계가 원래 있어야 할 곳으로 데려다준다. 쓰고 난 기계는 가야 할 집이 있다는 것을 배운다. 물건 제자리 두기 연습을 하는 것과 같다.

집에 물걸레 기계가 없을 때는 6단계로 줄일 수 있다. 걸레 찾기, 걸레 빨기, 걸레질할 곳 선택하기, 걸레질하기, 걸레 빨기, 걸레 널기까지 하면 된다. 만약 집에서 걸레를 쓰지 않는다면, 아이가 어릴 때부터 물티슈로 닦는 법을 알려 준다.

우리 집에서는 물티슈 대신 건티슈를 쓰고 있다. 아이에게 가르칠 때는 건티슈 빼내기, 건티슈 물 묻히기, 티슈 짜기, 더러운 곳 닦기, 버리기 순서로 하도록 한다. 물티슈도 한 번만 쓰지 않고 빨아서 여러 번 닦을 수 있다는 것을 설명해 준다. 자기가 먹은 자리를 닦는 습관은 어릴 때부터 들이면 좋다. 스스로 닦는 활동은 소근육

과 대근육의 발달에 도움이 된다.

　아이와 함께 걸레질할 때, 나는 집에서 운동하는 것이나 다름없다고 생각한다. 차츰 내가 확찐자(외출을 자제하고 집에서만 생활하다 보니 활동량이 줄어서 살이 확 찐 사람을 이르는 말)가 되어 가는 기분이 드는가? 집에만 있으니 몸이 무거워지는 것 같은가? 그럴수록 하루 10분이라도 아이와 함께 걸레질하며 조금이라도 움직이면 어떨까? 걸레질로 몸을 움직이면 집은 반짝이고 내 몸도 빛이 날 것이다. 게다가 아이들의 생활 능력, 청소 능력은 덤으로 따라온다.

놀이가 잔소리보다 큰 효과를 낸다?

• • •

나는 두 아이와 산책하는 것을 좋아한다. 종일 집에만 있으면 아이들뿐 아니라 나도 답답했다. 한 시간이라도 짧게 콧바람을 쏘이고 오면 신기하게 시간이 잘 갔다. 그런데 밖에 나갔다 오는 것까지는 괜찮았다. 문제는 집에 들어와서였다. 기분 좋게 놀고 와서, 아이가 '외출 후 할 일'을 완수할 때까지 끊임없이 잔소리했다.

"손 씻어."
"옷 갖다 놔."

아이는 집에 오자마자 장난감을 가지고 놀거나 책을 봤다. 여러 번 말해야 겨우 엉덩이를 떼는 정도였다. 한 번 말할 때 바로 하지 않는 아이를 보니 속에서 천불이 났다. 그러다 보면 마지막에 꼭 외치는 말이 있었다.

"빨리 해!"

아이에게 소리치는 나도 기분이 별로인 건 마찬가지였다. 밖에서 신나게 놀고 왔는데, 집에 들어와서 잔소리부터 하고 싶지는 않았다. 외출 후 해야 할 일을 습관으로 만들면 좋을 텐데…. 어떤 행동을, 어떤 놀이로 만들면 좋을지 고민스러웠다. 아이와 나, 두 사람 모두에게 잘 맞는 방법을 찾아야 했다.

"인내심이 있어야 해. 처음에는 내게서 조금 떨어진 이 풀밭에 앉아 있어. (중략) 그리고 넌 날마다 조금씩 더 가까이 앉으면 돼."

나는《어린 왕자》에서 해답을 발견했다. 아이에게 새로운 행동을 길들이려면, 인내심을 가지고 조금씩 자꾸 할 수 있게 하는 게 중요했다. 아이가 같은 동작을 자주, 여러 번 할 수 있도록 환경을 만들어 주기로 했다.

외출 후 귀가했을 때, 아이가 하면 좋은 행동 세 가지를 정했다.

1) 신발을 신발장에 넣는다
2) 손을 씻는다
3) 옷을 빨래통에 넣는다

최종 목표는 집에 들어오면 아이가 세 가지 행동을 자동으로 하는 거였다. 아이 몸에 밸 때까지 반복하기로 했다. 처음에는 무엇을 어떻게 해야 하는지 설명해 주고, 내 모습을 보고 아이가 따라 하게 했다.

행동을 습관으로 만들 때는 놀이처럼 바꿔서 했다. 세 가지를 한 번에 다 잘하도록 목표를 세우지 않았다. 하나를 먼저 연습하고, 익숙해지면 다음 행동으로 연결했다. 내가 말하지 않아도 아이가 스스로 할 수 있을 때까지 하기로 했다.

 ## 1. 신발은 신발장에 넣기

"신발은 집이 있어."

신발이 가야 할 곳이 있다고 알려 준다. 신발을 어디에 놓아야 좋을지 아이와 함께 자리를 정한다. 아이가 자기 신발을 놓을 자리를 고르고 이름까지 붙이면 더 좋다. 현관이나 신발장 바닥에 신발 모양을 붙여 놓으면 더 쉽게 자기 자리를 찾을 수 있다. 신발 모양을 프린트하거나 신발을 종이에 대고 그려서 만들어 보자. 신발 정리에 익숙해지면 놀이처럼 바꿔서 연습한다.

▌. 누가 먼저 신발을 집에 데려다줄까?

누가 먼저 신발을 제자리에 데려다주는지 시합한다.

2. 신발을 서로 바꿔서 데려다줄까?

서로의 신발을 바꾼 다음, 누가 먼저 제자리에 데려다주는지 시합을 한다.

3. 신발장이 얼른 신발 돌려달라는데?

신발장을 사람으로 여기게끔 비유적인 표현을 사용한다.

4. 신발 배달해 줄까?

신발을 배달하는 사람이 되어 제자리에 데려다준다.

2. 손 씻기

"뽀로로 보러 갈까?"

"세면대 만나러 가볼까?"

세면대를 친구처럼 바꿔서 부른다. 아이들은 어릴수록 모든 사물이 살아 있다고 느낀다. 사람처럼 이야기해 주면 더욱 잘 받아들인다. 세면대를 친구로 표현해서 손 씻기를 이끌면 아이가 재미있어 한다. 세면대 근처에 좋아하는 캐릭터 그림을 붙여 놓아도 된다. 캐릭터에게 인사하러 가자고 말한다.

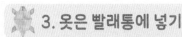

3. 옷은 빨래통에 넣기

"여기가 옷이 가야 할 집이야."

아이에게 벗은 옷을 놓아야 할 곳을 올바르게 알려 준다. 밖에 나
갔다 온 옷이 가야 할 곳이 있다고 설명해 준 다음에 빨래통에 옷 집
어넣기를 한다. 빨래통에 넣는 것을 할 수 있게 되면, 옷 넣기를 놀
이로 바꿔서 연습한다.

1. 빨래통에 골인할까?

옷을 빨래통에 골인하는 놀이다. 거리를 점점 멀리할 수 있다. 옷
개수를 한 개부터 여러 개를 한 번에 던지기도 할 수 있다.

2. 누가 먼저 빨래통에 갈까?

옷을 다 벗은 다음, 누가 먼저 빨래통에 넣을지 바로 시합에 들
어간다.

3. 빨래통이 배고프대, 옷 먹여 줄까?

빨래통을 사람으로 바꿔서 표현한다. 또는 빨래통이 친구를 찾
고 있다고 말해 준다.

4. 할 일 목록 써서 붙여 놓기

해야 할 일 목록을 쓴 다음, 집에 들어왔을 때 가장 눈에 잘 띄는 곳에 붙여 놓는다. 우리 집은 신발장 문에 붙어 있다. 목록을 아이와 함께 만들면서 어떤 일을 하면 좋을지 이야기를 나눈다. 그림을 그려도 괜찮고, 아이가 직접 글씨를 써도 된다.

5. 현관에서 정하기

어디에서 어떤 행동을 해야 하는지 알게 되었다면 꾸준히 연습하는 것이 중요하다. 아이가 세 가지 행동을 어느 정도 배우고 난 다음에는 집에 들어가기 전, "우리 신발 빨리 넣기부터 해 볼까?"와 같이 미리 정한다.

"새로운 언어를 말하는 것, 악기를 연주하는 것, 익숙하지 않은 움직임을 배울 때 가장 어려운 것은 '느낌'이다. 각 감각이 전달되는 경로들이 확립되지 않았기 때문이다. 자주 반복함으로써 길을 만들면 어려움은 사라진다. 그 행동들은 다른 곳에 마음이 쏠려 있어도 자동으로 수행할 수 있게 된다."

영국의 철학자 조지 루이스는 말했다. 집에 오자마자 해야 하는 행동을 습관으로 만들 때도 마찬가지다. 반복해서 아이의 몸에 길을 만들어 주는 것이 중요하다. 자동으로 할 수 있는 수준까지 도달할 동안, 아이는 즐겁게 논다는 기분이 들도록 연습해 보자.

놀이 연습으로 습관이 몸에 배면 엄마가 "이제 집에 왔으니 뭐 해야 하지?"라고 물어보기만 해도 아이는 척척 움직일 수 있다. 혹시 아이가 까먹었을 때는 목록을 보고 확인하면 된다. 오늘부터 집에 들어오면 해야 할 일을 정하자. 그리고 잔소리 대신 기분 좋은 놀이로 이끌어 보면 어떨까?

4장

하마터면
힘들게
집안일 할 뻔했다

1 | 빨래 -
빨래와 친해지는 아이들

"난 빨래가 제일 싫어요. 결혼해도 빨래는 내가 안 하고 싶어요."

나는 결혼하기 전에 남편에게 이런 부탁을 했다. 고맙게도 남편은 내 성향을 이해했다. 우리는 주말부부였기에 남편이 주말에 와서 빨래했다. 그런데 아이가 태어나면서, 평화로운 일상은 송두리째 바뀌었다. 아이는 툭하면 옷에 흘리고 묻혔다.

아무리 조심한다고 해도 하루에 여러 번 옷을 갈아입혀야 했다. 등 떠밀려서 아이 옷을 자주 빨게 되었다. 종일 집에 있으니까 남편이 맡아서 하던 일이 자연스럽게 나에게 왔다. 이건 내가 상상했던 생활이 아니잖아…. 그토록 하기 싫었던 빨래를 수도 없이 하게 되었다. 벗어날 수 없는 현실이 슬프기만 했다.

이이가 걷게 되면서 졸래졸래 나를 따라다녔다. 15개월에는 혼자 고무장갑을 끼고 빨래하는 모습을 흉내 내며 놀았다. 난 빨래가 제일 싫은데, 아주 좋아하며 노는 아이의 모습이 신기했다.

아이는 좋아하는데, 나는 왜 이렇게 빨래가 싫은 걸까? 생각해 보니 성인이 되어서 어쩔 수 없이 해야 하니까 그랬던 거였다. 나에게 빨래는 좋아서 하는 일이 아니라, 억지로 해야 하는 의무였다. 나처럼 되지 않도록, 아이가 좋아할 때 계속할 수 있게 하자고 마음을 먹었다. 아예 어릴 때부터 빨래를 제대로 가르치기로 했다. 그리고 아이가 빨래를 편안하게 받아들일 수 있도록, 아주 작은 단계로 나누었다.

1단계 : 벗은 옷을 빨래통에 넣는다

옷을 벗으면 빨래통에 갖다 놓아야 한다는 것을 알려 준다.

2단계 : 옷을 세탁기에 넣는다

빨래통에 모인 옷을 세탁기에 옮긴다. 요즘에 우리 집은 옷을 바로 세탁기에 넣기도 한다.

3단계 : 세제를 넣는다

엄마 손을 잡고 세제를 넣어 본다. 이때, 혹시라도 세제가 손에 묻으면 바로 씻어야 한다는 것을 설명해 준다. 그리고 세제 양을 얼마만큼 넣어야 하는지 정확하게 알려 준다. 아이가 힘을 조절할 수 있다면, 직접 세제의 양을 맞춰서 넣어 보는 것도 좋다.

4단계 : 뚜껑을 닫는다

세탁기 뚜껑을 천천히 부드럽게 닫는다. 세게 닫으면 세탁기가 아파한다고 설명한다. 끝까지 잘 닫는 방법도 가르쳐 준다.

5단계 : 전원 버튼을 누른다

빨래를 시작할 때 누르는 버튼을 알려 준다. 아이가 기계를 좋아하면 전원 버튼 누르기부터 해도 괜찮다.

6단계 : 동작 버튼을 누른다

동작 버튼을 누르면 세탁기가 움직인다. 첫째 아이는 이때를 가장 좋아한다. 자신이 직접 눌러서 기계가 움직이는 것을 신기해하기 때문이다. 반면 둘째 아이는 세탁기 소리를 듣고 깜짝 놀라서 엄마에게 안기려 했다. 아이마다 반응이 다르므로 잘 관찰하자.

7단계 : 빨래를 빼내서 분류한다

빨래를 빼낸 다음, 건조기에 넣을 빨래와 건조대에 널 빨래를 나눈다. 아이에게 빨래를 주고 건조기에 담게 한다. 나머지 빨래를 들고 베란다에 가서 넌다. 하나씩 털며 건조대에 펼치는 것을 보여준다. 널고 싶은 자리를 아이가 직접 선택하게 해도 좋다.

8단계 : 마른빨래에서 특정한 물건을 찾는다

수건, 자기 속옷, 자기 옷처럼 빨래 중 한 가지를 정해서 아이가 찾게 한다. 아이가 어릴수록 쉽게 발견할 수 있는 물건으로 정한다. 자신과 관련된 물건일수록 더 잘 해낼 수 있다.

9단계 : 빨래를 갠다

아이에게 빨래 개는 법을 가르친다. 가장 먼저 해 볼 수 있는 건 수건이다. 수건 접는 방법을 보여 주고 직접 해 보게끔 한다. 아이가 어려워하면 손을 잡아 주고 같이 할 수 있다.

10단계 : 제자리에 가져다 놓는다

다 갠 수건을 가져가서 넣는 법을 알려 준다. 몇 개까지 안 떨어뜨리고 가져갈 수 있는지 하나씩 쌓아 가며 연습할 수 있다.

엄마의 도움 없이 혼자서 한 단계를 해낼 수 있을 때까지 반복해서 연습하는 것이 좋다. 우리 집 아이는 세탁기 버튼만 눌러도 환장했다. 버튼을 누르는 단계가 재미있는지 자꾸 하고 싶어 했다. 여러 단계 중 아이가 가장 흥미를 보이는 부분부터 해도 문제없다. 만약 순서대로 할 때는 한 가지 동작이 능숙해지면 다음으로 넘어간다.

여기까지 빨래의 과정을 익혔다면, 빨래를 놀이로 만들어 보자. 방법은 다음과 같다.

1. 누가 먼저 옷을 가져다 놓을까?

밖에 나갔다가 집에 들어오면 더러워진 옷을 벗는다. 벗은 옷을
누가 재빠르게 빨래통에 가져다 놓는지 경기한다.

2. 던져서 받기 놀이

건조기에서 빨래를 뺀 다음, 한 사람이 던지면 다른 사람이 받는
다. 우리 집에는 건조기가 베란다에 있다. 내가 창문을 열고 방 쪽
으로 던지면, 아이가 뛰어와서 받는다.

3. 수건을 찾아라!

말린 빨래에서 정해진 사물을 찾는 놀이다. 수건 말고도 다른 빨
래를 지목할 수 있다. 처음에는 아이에게 친숙하고 눈에 가장 잘 보
이는 물건부터 찾게 하고, 서서히 난이도를 올린다. 주어진 빨래를
먼저 발견하는 사람이 이긴다. 찾은 것을 모은 뒤에 빨래 개기로 연
결해도 좋다.

4. 높이 쌓아라!

몇 층까지 수건을 쌓을 수 있는지, 쌓은 채로 수건 넣는 곳까지
가져다 놓을 수 있는지 도전해 본다. 누가 더 높이 쌓는지 시합을
해도 재미있다. 놀다 보면 가끔 빨래가 바닥에 떨어지기도 한다. 이
때 어떻게 하면 좋을까? "빨래가 떨어져 있네. 어떻게 하지?" 만약
아이가 반응이 없다면, 이 상황을 재빨리 게임으로 바꾼다. "앗! 저

기 빨래가 떨어져 있잖아. 누가 제일 먼저 빨래를 구해 주러 가지?"

이처럼 아이에게 재미있게 상황을 해결하는 방법을 가르쳐 주자. 무조건 엄마가 알아서 다 처리하는 것은 좋지 않다. '빨래가 떨어졌으니 주워라'처럼 아이에게 바로 해결책을 알려 주거나 지시하지 않는다. **짧은 시간 동안 처리할 방법을 고민할 수 있게 도와주는 것이 엄마의 역할이다.**

"아이가 세탁기만 뚫어져라 쳐다보고 있어요. 세탁기에 환장할 줄 몰랐어요. 진작 시킬걸. 왜 이제 가르쳐 주었나 몰라요."

'그림책과 함께하는 집안일 놀이' 온라인 수업에서 빨래 놀이 방법을 배우고, 두 아들에게 바로 가르쳤던 분이 말했다. 이렇게 쉽게 할 수 있는 걸 그동안 안 하게 했다며 지금이라도 해서 다행이라고 말이다. 아이들이 좋아할지, 안 좋아할지는 해 봐야 아는 법이다. 처음에 세탁기를 무서워했던 아이도 자꾸 하다 보니 나중에는 세탁기 장난감을 사달라고 할머니를 조른 일도 있었다. 이처럼, 세탁기와 일찍 친해진 아이들은 자기 옷을 스스로 빠는 아이로 자랄 것이다. 오늘부터 아이들에게 빨래가 놀잇감이 되는 마법의 시간을 만들어 주면 어떨까?

2 화장실 청소 - 하루 5분
청소 놀이로 깨끗하게

돈은 화장실로 들어온다는 말이 있다. 과연 돈과 화장실이 무슨 관계가 있을까? 한 연구에서 화장실을 깨끗이 관리하며 사는 사람과 지저분하게 방치하고 사는 사람들의 연간 수입을 비교했다. 결과는 놀랍게도 화장실을 청결하게 쓰는 이들의 수입이 더럽게 쓰는 이들보다 천만 원이 넘게 많았다고 한다.

마쓰다 미쓰히로가 쓴 《청소력》을 보면, 학교의 붕괴를 막은 화장실 청소 이야기가 나온다. 더러운 화장실이 깨끗하게 변했을 뿐

인데, 학생들은 학교에 안정감을 느낀다. 파산 직전의 가게는 화장실이 더러운 경우가 많다는 이야기도 나오는데, 깨끗하게 청소를 하고 나면 마음의 마이너스를 없앨 수 있다고 한다.

최근 맥도날드 본사에서는 59쪽 정도 되는 코로나바이러스 대응 매뉴얼을 미국 내 프랜차이즈 매장 운영자들에게 배부했다. 그곳에는 '30분마다 화장실을 청소하라'는 사항이 있다. 청결과 안전을 강조하는 곳일수록 화장실 청소를 중요시한다.

"갑자기 선생님이 하신 말씀이 기억났어요. 그래, 이렇게 된 거 그냥 아이와 화장실 청소하기로 바꿔 보는 거야. 다르게 보았죠."

내가 진행한 수업 '그림책과 함께하는 집안일 놀이'를 수강했던 분이 말했다. 사연인즉, 엄마가 보지 않는 사이 목욕을 한다며 아이가 욕실에 들어갔다. 그리고 실수로 샤워젤을 왕창 바닥에 쏟고 말았다. 아마 아이는 당황했을 것이다. '이걸 어떻게 해야 하지? 엄마가 알면 혼날 텐데'와 같은 생각들로 불안했으리라. 아이들이 조용하면, 엄마는 촉이 온다. 뭔가 일이 난 게 틀림없다고 확신하며 욕실에 들어갔다. 아니나 다를까, 바닥에서 거품이 마구 솟아오르고 있었다.

"엄마, 내가 실수로 많이 부었어요…."

평소라면 아이에게 큰소리가 나갈 상황이었다. 하지만 그분은 정신줄을 잡고, 수업에서 배운 대로 아이에게 욕실 청소를 제안했다. 그러자 아이의 표정이 환해졌다. 엄마보다 오히려 제가 더 열심이었다. 욕실 청소를 다 하고 난 후, 아이는 이렇게 말했다고 한다.

"엄마, 너무 재미있어요. 나 혼내지 않아서 고마워요. 근데 이건 우리끼리만 비밀로 해요. 아빠가 알면 안 되잖아요?"

그분은 아이의 말을 듣고 울컥했다고 전했다. 어린아이도 이렇게 깨닫고 생각하는데 싶었단다. 아이의 속마음을 알 수 있었고, 그 순간 욱하지 않은 자신이 대견스러웠다고 말했다. 훈훈한 이야기를 들으니 나도 눈물이 났다. 마음이 통한다는 게 이런 느낌이겠지.

그렇다. 이미 벌어진 일을 어쩌겠는가? 자기가 잘못한 건 아이가 제일 잘 안다. 그러니 이미 일어난 일에 대해서는 해결하는 방법을 가르치는 게 더 낫다. 아이의 마음도 토닥여 주는 동시에, 생활력과 문제 해결 능력을 키워줄 수 있기 때문이다.

그렇다면 아이와 실제로 화장실 청소를 할 때는 어떻게 하면 좋을까? 먼저 화장실이라는 공간을 네 부분으로 작게 나눈다. 변기, 세면대, 바닥, 벽이다. 그리고 아이들과 한곳씩 청소한다. 어디든 방법은 같다. 아이가 한곳이라도 할 수 있으면 된다. 대표적으로 변기를 청소하는 방법은 다음과 같다.

1단계 : 청소 도구를 고른다

아이에게 못 쓰는 칫솔, 수세미, 솔을 보여 준 다음, 원하는 것을 고르게 한다. 처음 화장실을 청소해 보는 아이에게는 어떻게 쓰면 되는지 시범을 보여 준다. 아이가 선택을 어려워하면 두 가지 중 하나를 잡을 수 있게 물어본다.

"칫솔 할래? 수세미 할래?"

2단계 : 샤워기로 물을 뿌린다

누가 샤워기로 물을 뿌릴지 정한다. 변기 전체에 뿌리고, 사람을 향해서는 뿌리지 않아야 한다는 것도 일러 준다.

3단계 : 변기에 세제를 뿌린다

처음에는 엄마가 먼저 분무기로 뿌리는 모습을 보여준다. 다음에는 아이의 손을 잡고 같이 한다. 마지막에는 아이가 스스로 뿌려 보게 한다. 변기에 세제를 뿌리는 위치를 나눠서 보여준다. 아이가 할 때는 세제 대신 베이킹 소다를 섞은 물로 해도 괜찮다.

  1) 변기의 겉에 뿌리기
  2) 뚜껑을 열어서 앉는 곳에 뿌리기
  3) 커버를 모두 올린 상태에서 변기의 안에 뿌리기

아이는 세 곳 중에서 뿌려 보고 싶은 위치를 고를 수 있다.

문지르고 싶은 곳을 정해서 한다. 처음에 미리 정했던 도구로 하다가, 바꿔서 해 볼 수 있다. 다양한 물건을 써 보면서 감각을 익히는 시간으로 만든다.

5단계 : 샤워기로 물을 뿌린다

누가 물을 뿌릴지 정한다. 앞쪽에서 첫째 아이가 물을 뿌렸다면, 이번에는 둘째 아이가 한다. 아이가 샤워기를 가지고 있는 시간을 정해 줄 수 있다.
"엄마가 10까지 세는 동안 하는 거야. 그리고 동생한테 주자."

6단계 : 뚜껑을 닫고 물을 내린다

가위바위보와 같은 게임으로 누가 물을 내릴지 정한다.

변기 청소를 다 했다면 다른 곳도 이어서 한다. 아이에게 어디부터 하고 싶은지 물어본 후 시작하는 것도 좋다. 아이가 화장실 청소에 어느 정도 익숙해졌다면, 서로 청소하는 공간을 나누고 각자 맡아서 할 수 있다. 만약 아이가 화장실에서 물놀이를 하고 싶어 한다면 청소부터 한다. 깨끗한 곳에서 노는 게 더 좋기 때문이다. 그리고 화장실 청소를 하다 보면, 아이들은 물놀이를 했다고 생각한다.

화장실 청소할 때, 아이들은 윗도리와 팬티만 입고 들어간다. 청소하다 보면 옷이 젖었다며 다 벗는다. 솔로 여기저기 문지르고 닦는다. 이렇게 화장실 청소를 마치고, 마지막에 샤워까지 하고 나오면 된다. 아이를 씻기기 전 화장실 변기, 세면대의 틈새 청소를 하는 것만으로 우리 집 화장실을 청결하게 유지할 수 있다. 단 5분도 안 걸린다. 아이를 목욕시키기 전에, 처음 나오는 차가운 물로 변기만 빠르게 같이 청소할 수 있다. 엄마가 변기에 물을 뿌리는 장면을 보고, 아이는 도구를 가져와서 문지르기도 한다. 한 번이라도 해본 적이 있는 아이는 다음에 무엇을 해야 하는지 알고 있다.

디즈니랜드에 마법을 걸어 준 청소력이 있다고 한다. 그 정체는 '커스토리얼'이라는 청소 스태프다. 이들은 '데이 커스토리얼'과 '나이트 커스토리얼'로 나뉘는데, 디즈니랜드의 진정한 즐거움을 지탱하는 쪽은 '나이트 커스토리얼'이다. 그들은 자정부터 아침 일곱 시까지 낮에 손님이 있는 상태에서는 할 수 없던 곳을 청소한다. 화장실 변기, 세면대 구석구석까지 철저하게 닦는다. 아기가 기어 다녀도 괜찮을 정도로 깨끗하게 한다고 하니 놀라울 따름이다.

잘 되는 곳은 보이지 않는 곳까지 청소하는 곳이다. 아이에게 화장실 청소의 즐거움을 알려 주자. '나는 화장실을 청소하며 우리 집에 좋은 기운을 불러오고 있어. 나는 운을 만드는 사람이야'하고 생각하며 손이 닿지 않는 곳까지 구석구석 닦아 보면 어떨까? 아이에게 화장실이 깨끗하면 좋은 일이 더 많이 생긴다는 것도 알려 수 있다. 당장 오늘 아이들과 화장실을 청소하며 놀아 보자. 엄마의 처지에서는 돈과 건강을 부르는 기회가 되고, 아이에게는 더없이 좋은 물놀이 시간으로 바뀐다.

3 | 세차 - 자동차는 씻고, 우리는 놀고!

"차 좀 치우는 게 어때요? 아이들 없을 때 쓰레기도 버리고요."

솔직히 말하면, 내 차는 매우 지저분하다. 나조차도 눈 뜨고 볼 수가 없을 정도로 심각하다. 하루는 남편이 못 참겠던지 내게 말했다. 나도 안다. 차 안에 있는 쓰레기라도 제때 버려야 한다는 것을. 그런데 이상하지, 남편이 옳은 말을 하면 달갑지가 않다. '네가 한번 아이 둘 데리고 다녀 봐. 그게 되나'하는 반발심이 든다. 남편이 알아서 내 차를 깨끗하게 관리해 주면 얼마나 좋을까? 나는 다른 것에 마음 안 쓰고 아이들만 데리고 다니고 싶다. 그것만으로도 충분히 애쓰고 있는 거니까. 하지만 다시 천천히 생각해 보면 남편 말이 맞다. 내가 끌고 다니니까 내가 청소해야지. 그런데 왜 이렇게 안 되는 건지…. 치워야겠다 싶으면 마음에서 바로 올라오는 소리가 있다.

'다음에 하자.'

그리고 지금 치울 수 없는 적당한 이유가 바로 따라온다. 오늘은 아이들 데리고 다녀서 피곤하니까. 오늘은 너무 더우니까. 자꾸만 '지금보다 좀 더 나은 때'를 생각한다. 그런 날이 오기는 하는 걸까? 절대 오지 않는다는 걸 알면서도 행동은 참말로 안 바뀐다.

아이들이 먹다 흘린 과자 부스러기, 사탕 봉지, 찐득한 주스 자국까지. 차 안을 보고 있으면 정신없다. 오늘은 꼭 치워야지 생각하고 미룬 것만 벌써 몇 달째다. 일 년 동안 차 내부를 제대로 청소하는 게 몇 번이나 될까? 손에 꼽힐 정도다.

차 바깥 청소는 그나마 낫다. 주유하고 무료 세차권이 나오면 한 번씩 하면 되니까. 첫째 아이는 이벤트 당첨에서 세차권이 뽑히기를 간절히 기다린다. 기계 안에서 물이 사방으로 마구 나오고, 자동차가 스르륵 움직이는 게 재미있나 보다. 아이는 주유하러 갈 때마다 말한다.

"엄마, 언제 세차권 나와요? 얼른 세차하는 거 보고 싶어요."

친정 부모님은 주택에 사신다. 우리 집은 아파트여서 차 내부만 치울 수 있는데 비해, 친정은 마당이 있으니 차 전체를 씻기에 좋다. 게다가 지하수가 나와서 물을 마음껏 쓸 수 있다. 친정에 가면서 나는 굳게 다짐했다. 꼭 세차하고 오리라. 절대로 미루지 않을 거야. 사실 아이들하고 시간 보내기 딱 좋은 게 세차이기도 하다.

먼저 끝도 없이 나오는 쓰레기를 주웠다. 먹다 남은 간식과 작은 쓰레기들이 왜 이리 많던지…. 쭈그리고 줍고 닦다 보니 이마와 등에서는 땀이 줄줄 흘렀다. 쓰레기를 다 줍고 난 다음에는 바닥에 까는 매트를 빼서 털었다. 아이에게 매트를 벅벅 닦으라고 말해 주었다. 첫째 아이는 매트에 물이 튀는 것을 보며 좋아했다. 나는 물티슈로 매트, 운전대, 앞자리, 뒷자리를 구석구석 닦았다.

차 안 청소를 끝내고 난 뒤에 밖으로 나오자, 몸에 닿는 바람이 시원했다. 깨끗해진 차 내부는 보기만 해도 뿌듯했다. 이게 바로 청소하고 나서 느끼는 즐거운 마음이구나. 이제 차 바깥 부분을 닦을 차례였다. 아이가 열심히 문지르는 동안 나는 물을 뿌렸다. 아이 손이 채 닿지 못하는 곳은 역할을 바꿨다. 내가 닦고 아이가 물을 뿌렸다. 첫째 아이는 계속 웃다가 세차를 끝냈다.

해 질 무렵, 복숭앗빛으로 물든 하늘 아래 먼지가 다 씻겨 내려간 차를 보니 눈이 부셨다. 오늘만큼은 미루지 않고 해낸 나를 격하게 칭찬해 주었다. 아이는 옷과 신발이 다 젖은 채로 외쳤다. "엄마, 또 하고 싶어요!" 아이에게 세차는 청소가 아닌 물놀이 시간이나 마찬가지였다. 아이들은 물놀이를 참 좋아한다. 나에게 세차는 귀찮아서 자꾸 미루는 일이지만, 아이에게 세차는 즐겁게 노는 시간이다. 우리는 같은 일도 서로 다르게 받아들이고 있었다.

세차를 끝내고 보니, 아이에게 알려 주면 좋은 것들이 보였다. 먼저, 아이와 함께 세차할 때는 아이가 어떤 일에 참여할지 정한다. 이때 아이가 할 수 있는 것들을 나눠보면 다음과 같다.

1. 차 밖 청소
걸레로 문지르기, 호스 잡고 물 뿌리기

2. 차 안 청소
쓰레기 줍기, 발판 털기, 발판 닦기, 의자 닦기

이 중에서 아이가 하고 싶은 것을 고르게 한다. 어떻게 하는지만 알려 주고, 편안하게 마음껏 해 보라고 하면 된다. 무엇보다 **아이와 세차를 할 때에는 반드시 주의 사항도 가르쳐 줘야 한다.** 나의 경우에는, 차 문을 열어 놓자 아이가 문 안쪽에도 물을 뿌리려고 했다.

"엄마, 차 안에도 물로 씻어야 하는 줄 알았어요."

물론 아이 말도 맞다. 아이마다 다르게 생각할 수 있다. 그렇기에 세차를 하기 전에 조심해야 하는 부분을 올바르게 알려 주는 게 중요하다.

"차 밖에만 물을 뿌리는 거야."

그리고 세차하다 보면 엄마에게 저도 모르게 물을 뿌리게 된다. 이 상황에서는 사람에게 뿌리지 않아야 한다는 것을 알려 줄 수 있다. 시작 전에 미리 이야기해 줘도 괜찮다. 나머지는 아이가 알아서 한다. 어차피 광이 날 정도로 해야 하는 건 아니니까. 아이는 그저 물놀이 하는 기분으로 하면 된다. 자기 손으로 큰 차를 씻길 수 있다는 건 진짜 재미있는 놀이다.

"엄마! 다음에도 할머니네 오면 제가 차 앞 닦을게요."

아이는 자신이 무엇을 해야 하는지 제대로 알고 있다. 재미있게 놀면서 하나라도 할 줄 알면 충분하다. 어른에게 있어 세차는 꼭 해야 하지만 자꾸 미루게 되는 일이다. 하지만 아이는 다르다. 물로 놀 수 있다면 뭔들 못할까? 매일 장난감 자동차만 만지다가 큰 차를 내 손으로 닦을 수 있다니, 하나도 버겁지 않으리라.

구글 사옥의 이름은 '플레이 스테이션'이라고 한다. 이름에서부터 일이 '놀이'가 되어야 한다는 걸 말해 주고 있다. 아이들이 그렇다. 어른에게는 재미없는 노동이 아이에게는 노는 시간으로 바뀐다. 신나게 놀면서 배운 내용은 좋은 감정까지 더해져서 아이의 머리와 몸에 새겨진다. 아마 세차도 아이에게는 즐거운 물놀이로 기억되겠지. 먼 훗날, 자기 차가 생겼을 때도 즐겁게 세차할 수 있을 것이다.

오이를 심으면 오이를 얻고, 콩을 심으면 콩을 얻는다.

《명심보감》에 나온 이야기처럼, 아이에게 좋은 감정으로 심어진 행동은 나중에 다시 할 때도 기분 좋은 행동으로 나오게 된다. 반면 억지로 하는 것들은 감정이 상하기 때문에 다시는 하고 싶지 않다. 아이가 재밌다고 생각하는 활동은 기회가 있을 때 실컷 하게 해 주자. 아이는 이미 놀면서 배우고 있다. 당신은 오늘 아이에게 무엇을 심어 주고 싶은가?

4 | 식사 준비 - 두 살 짜리도 참여하는 집밥 만들기

첫째 아이는 다섯 살 무렵에 아토피가 심해졌다. 동생이 태어난 스트레스 때문일까. 팔이 접힌 곳, 다리가 접힌 곳을 수도 없이 긁어서 상처가 끊이지 않았다. 잠자기 전에는 꼭 등을 긁어 줘야만 잠들었다. 간지러움을 참을 수 없는지, 자다가도 깨서 울며 짜증 냈다. 덩달아 나도 잠을 제대로 잘 수가 없었다. 신생아였던 둘째를 돌보는 것보다, 밤에 첫째 아이를 돌보는 게 더 힘들었다.

아토피를 공부하다 보니 오늘 먹은 음식이 아이의 몸을 만든다는 것을 깨달았다. 그 뒤로 아무거나 먹이는 것이 조심스러워졌다.

결국에는 가능한 집에서 만들어 먹게 되었다. 의무적으로 요리하는 일은 전혀 즐겁지 않았다. 사실 그동안 밖에서 쉽게 사 먹었던지라, 집밥을 차려 먹는 일이 너무 힘들었다.

직장에는 사표가 있다. 일하는 게 너무 힘들면 그만두고 쉴 수 있다. 하지만 엄마라는 자리는 그럴 수 있나. "나 오늘부터 엄마 안 할 거야. 때려치울 거야"하고 말해도 소용없었다. 벗어날 수 없기에, 새로운 환경에 적응해야 했다. 없던 기술을 연습하며 갈고 닦아야 했다. 자꾸 해 보니까 알게 되었다. 밥솥에 밥만 있어도 밥 차리기가 편하다는 것을. 하루 먹을 밥을 아침에 예약으로 해 놓았다. 그렇게 하다 보니 무엇을 해야 하는지 쉽게 그려지고 손에도 잘 익었다. 그동안 못했던 건 내가 안 해서 그런 거였다. 자꾸 하면 어느 수준까지는 올라갈 수 있었다.

첫째 아이는 이미 두 살 때부터 한 번씩 나와 같이 밥을 지었다. 그러다가 홈스쿨링으로 집에 있는 시간이 많아진 다섯 살에는 내가 밥을 지을 때마다 참여하고 싶어 했다. 소원이라면 들어줘야지 어쩌겠는가? 아이에게 최대한 쉽게 가르쳐 주기 위해 밥 짓기를 아주 작은 단계로 나누었다. 방법은 다음과 같다.

아이에게 쌀이 있는 곳을 알려 준다. 우리 집은 냉장고에 쌀을 둔다. 만약 쌀통에 쌀을 두었다면, 쌀통이 어디 있는지 알려 준다.

우리 집에서는 한 번 밥을 지을 때 현미 두 컵, 찹쌀현미 두 컵을 밥솥에 넣는다. 아이에게 정확한 수를 말해 볼 수 있도록 기회를 열어 준다. 이때, 더하기 개념도 연습할 수 있다.
"두 컵, 두 컵. 다 합치면 네 컵이야. 너는 몇 컵 넣어 보고 싶어?"

밥솥에 담은 쌀을 씻는다. 이때 쌀을 주무르는 알맞은 강도를 익히게 한다. 몇 번 씻어야 하는지 횟수도 말해 준다. 쌀뜨물을 버릴 때, 쌀을 바닥에 쏟지 않도록 천천히 버리는 것을 보여 준다. 손으로 받치는 것까지 알려 주면 좋다.

눈금을 짚어 준다. 현미 네 컵은 솥단지 어디까지 물을 넣어야 하는지 확인한다. 아이가 높이, 양의 개념과 친해지는 방법이다.

밥솥에 내솥을 넣는다. 내솥을 나를 때는 천천히 걷는다. 처음에는 엄마가 함께 내솥을 잡고 넣어 본다. 익숙해지면 아이가 혼자 하도록 하고 지켜본다.

뚜껑을 닫을 때는 부드럽게 닫도록 한다. 뚜껑을 잠가야 밥을 지을 수 있다는 것도 설명해 준다.

이 단계는 나이가 아주 어려도 참여할 수 있다. 어린아이는 엄마 손을 잡고 버튼을 누르면 된다. 아이들은 버튼을 누르면 소리가 나고, 밥이 된다는 사실을 제일 좋아한다.

아이에게 가르쳐 줄 때는 가장 쉬운 것부터 시작해서 어려운 것까지 차근차근 알려 준다. 그리고 몸에 익을 때까지 여러 번 반복한다. 첫째 아이는 일곱 살 때 혼자 밥을 할 수 있는 아이로 자랐다. 두 살 때부터 버튼 누르기로 참여했던 둘째 아이와는 지금도 밥 짓기를 연습하고 있다.

밥을 지었다면, 한 끼 밥상을 차릴 때도 아이가 함께 할 수 있다. 먼저, 식사 준비에서 할 일을 작게 나누고 아이가 참여할 수 있는 것부터 한다. 다음은 밥상을 차릴 때 할 일들이다.

1단계 : 준비 전에 손 씻기

손을 먼저 깨끗하게 씻은 다음, 식사 준비를 해야 하는 것을 알려준다. 특히 요즘은 손 씻기가 중요한 때다. 청결 교육을 하기에 더없이 좋다.

2단계 : 상 닦기

행주를 빨아 쓰거나 건티슈 혹은 물티슈를 이용한다. 밥상을 차리기 전에 먼저 깨끗이 닦아야 한다는 것을 가르쳐 준다.

3단계 : 오늘 먹을 반찬 만들기

오늘 먹고 싶은 음식 두 가지 중, 아이가 하나를 고르게 한다. 아이가 선택한 반찬을 같이 만들어 본다. 요리할 때도 마찬가지로 과정을 작게 나누고, 아이가 만들 수 있는 단계에 참여시킨다.

4단계 : 반찬 담기

이미 만들어진 반찬을 아이가 손수 접시에 담아 본다. 얼마만큼 먹을 수 있을지 예상해서 담는다. 이때, 반찬을 담다가 흘릴 수 있다. 그러면 닦는 것을 가르친다.

5단계 : 밥 나르기

아이가 먹을 양을 스스로 정한 다음, 밥솥에서 밥을 풀 수 있다. 다 담은 밥은 식탁에 가져다 놓는다.

6단계 : 국 나르기

냄비에서 국자로 떠서 그릇에 담는다. 너무 뜨거우면 약간 식혀서 하는 것이 좋다. 처음이나 마지막에 아이가 국을 떠 볼 수 있게 한다. 뜨거운 음식을 어떻게 다루어야 하는지 배우는 시간이다.

식구 수에 따라서 몇 개를 놓아야 하는지 가르친다. 숟가락과 젓가락을 일렬로 나란히 놓는 것을 설명해 준다. 수에 대한 감각을 키우는 시간이다.

'내가 먹은 음식이 곧 나다'라는 말이 있다. 건강하게 한 끼 챙겨 먹는 밥은 아이의 몸과 마음을 잘 자라게 해 준다. 집밥은 사랑이자 추억이다. 강제 집콕하며 지내는 때야말로 같이 요리하며 시간 보내기에 딱 좋다. 이제 나는 안다. 소중한 나와 내 가족에게 어떤 음식을 주는 게 좋은지를 말이다. 그런 마음으로 아이와 함께 밥을 짓고, 반찬을 만든다. 그동안 잘하지 못한다며, 힘들다며 안 하고 싶어 했던 요리는 나와 우리 식구를 살리는 중요한 분야였다. 여기에 아이와 함께 하는 추억은 덤으로 쌓인다. 내가 밥을 지으려 할 때, 아이들은 뛰어와서 말한다.

"엄마, 내가 버튼 누를게요!" (첫째 아이)
"나!" (둘째 아이)

5 │ 설거지 -
왜 엄마만 설거지해요?

아이에게 설거지는 놀이일까, 일일까? 둘째 아이는 내가 설거지를 하겠다고 싱크대 물만 틀면 득달같이 달려왔다. 낑낑대고 의자를 들고 와서는 그 위로 올라갔다. 그리고 고무장갑을 가리키면서 말했다.

"나 줘!"

고무장갑을 주니 작은 손에 끼웠다. 입을 앙다물고 턱살이 접히게 집중해서 그릇을 닦았다. 다 씻은 그릇은 선반에 올려놓고, 손이 안 닿으면 그릇을 뒤집어 싱크대 옆에 놓았다. 엄마의 모습을 보고 자연스럽게 배운 것들이었다.

여덟 살 첫째 아이는 자기가 먹은 그릇을 곧잘 설거지한다. 차를 마신 컵, 콘플레이크를 먹은 그릇, 간식을 먹은 접시 등 가리지 않고 잘 닦는다. 아마 설거지도 물놀이처럼 생각하는 것 같다. 나는 수북하게 쌓여 있는 그릇을 보면 거부감부터 밀려온다. 그런데 아이들은 이것조차 재미있는 물놀이로 바꾸니, 참 신기한 마법이다.

하지만 아이들이 설거지하다 보면, 곤란한 상황이 생긴다. 그중 가장 큰 문제는 무엇일까? 바로 주변 바닥이 물바다로 바뀌는 것이다. 싱크대에서는 물이 줄줄 흐르고, 바닥까지 물이 흥건해진다. 난리를 피우는 것 치고는 그릇도 깨끗이 씻지 못한다. 내 일거리가 또 늘어나는 기분이다.

게다가 처음에는 물을 낭비하는 것 같아서 물세가 아까웠다. 그러다 우리 아이들의 교육비를 낸다고 생각하니 마음이 편해졌다. 설거지도 하고 싶을 때 자꾸 해 봐야 실력이 는다. 처음에는 그릇을 씻어도 밥풀이 그대로 묻어있었지만 요즘에는 제법 깨끗한 티가 난다.

아이가 설거지할 때는 바닥에 수건을 깔아 놓고, 끝난 뒤에 수건으로 주변을 한 번 더 닦는다. 수건이 너무 젖었을 때는 새 수건을 가져와서 물기를 없앤다. 그리고 아이에게 수건을 세탁기에 갖다 놓는 것까지 알려 준다. 놀고 난 다음에는 뒤처리도 할 줄 아는 아이로 키우는 방법이다.

아이에게 밥이나 간식을 먹고 바로 치우는 방법을 알려 주자. 어떤 순서로 치울 수 있는지를 아는 것과 그냥 그릇 씻기만 배우는 것은 차이가 있다. 치우는 순서를 안다면, 내가 먹은 그릇을 치우고 설거지까지 할 줄 아는 멋진 아이로 자랄 수 있다. 치우기를 가르치는 방법은 다음과 같다.

1. 그릇이 가는 목욕탕을 알려 준다

"다 먹은 그릇은 목욕하러 가는 곳이 있어."

밥을 다 먹고 나서, 빈 그릇은 목욕탕(싱크대)으로 간다고 설명해 준다. 더러워진 그릇을 씻는 것과 목욕하는 것을 연결하면 아이들이 쉽게 이해한다. 앞서 언급했듯, 어린아이일수록 물건을 살아 있는 생명처럼 여긴다. 사람에 비유해 친근하게 다가가면 더욱 잘 받아들인다.

2. 자기가 먹은 식기를 치운다

자기가 먹은 그릇, 숟가락, 젓가락, 컵 따위를 싱크대에 가져다 놓음으로써 치우는 것을 배운다. 어린아이는 엄마와 함께 손을 잡고 해본다. 자신의 그릇을 가져다 놓는 게 익숙해지면 다른 사람이 먹은 그릇, 컵, 반찬 담았던 접시까지 범위를 넓힐 수 있다.

어린이집에서 개인 식판을 쓰는 경우, 집에 와서 바로 식판 정리하기로 연결할 수 있다. 이때는 싱크대에 물을 받아 놓은 다음, 식판이 찜질한다고 이야기한다. 음식물이 한참 동안 묻어 있었기 때문에, 오랜 시간 물에 있어야 하는 이유를 설명해 준다.

3. 자기가 먹은 식기를 씻는다

어떤 것을 설거지하고 싶은지 아이가 정한다. 자기가 먹은 그릇부터 씻게 할 수 있다. 또는 그릇 종류에 따라서 고를 수도 있다.

"접시, 밥그릇, 컵 중에 뭐 씻어 주고 싶어?"

4. 씻은 식기를 제자리에 놓는다

다 씻은 그릇은 선반 위에 올려놓는다. 만약 선반이 손에 안 닿으면 옆에 뒤집어서 놓는다. 큰 쟁반이나 소쿠리를 놔 주고, 그릇을 담는 것도 가르쳐 줄 수 있다. 다 마른 식기들은 제자리에 넣는다. 그릇들을 집에 데려다줄 때는 물기가 없어야 한다는 것을 보여 준다. 몸을 씻고 나면 물기를 말리기 위해 수건으로 닦는 것과 연결해서 이야기해 줄 수 있다.

만약 아이가 설거지하는 게 부담스럽다면, 채소나 과일 씻기부터 해볼 수 있다. 설거지가 오히려 일거리를 만들까 봐 엄두를 내지 못하는 랜선 벗이 있었다. 채소나 과일 씻기는 그분에게 일러주었던 팁이다.

"과일이나 채소를 아이가 씻게 해 보세요."

내 말을 들은 그분은 아이가 먹을 방울토마토를 직접 씻게 했다. 결과는 엄마가 생각한 것 이상이었다.

"아이가 자기가 씻은 방울토마토를 더 잘 먹더라니까요. 과일 씻는 걸 이렇게 좋아할 줄은 몰랐어요."

그러더니 앞으로 자기가 먹을 것은 제 손으로 씻어서 먹겠단다. 얼마나 대견한 아이인가. 다행히 우리 집 아이들도 자기가 먹을 과일을 곧잘 씻는다. 특히 둘째 아이는 물로 하는 건 다 좋아한다. 그래서 평소에 요리할 때 아이가 재료를 씻도록 허락해 주고 있다.

"예전에는 집안일을 하고 있으면 아이가 놀아 달라고 매달렸어요. 그런데 '엄마랑 같이 해 볼래?' 하면서 일을 놀이로 만드니, 집안일을 하는 과정이 스트레스로 다가오지 않더라고요. 유명한 장난감이나 놀이 커리큘럼보다 집안일로 노는 게 아이에게 훨씬 필요하고 의미 있다는 사실을 몸소 배웠습니다."

나와 랜선 모임에서 만난 분이 말했다. 그렇다. 진짜 좋은 장난감은 집에서 자주 보는 물건이다. 어린아이의 발달에 좋다는 오감 놀이나 촉감 놀이가 별건가? 어차피 다양한 재료를 손으로 만지며 느껴 보도록 하는 게 주된 목적이다. 식재료를 씻거나 설거지를 하면서도 아이는 촉감 놀이를 하고 있다. 게다가 아이들은 엄마가 그만하라고 할 때까지 엄청난 몰입력을 보여 준다. 이러다가 수도세 폭탄을 맞는 것은 아닌지 걱정스러울 정도다.

'자립심'은 남에게 예속되거나 의지하지 않고 자기 스스로 서려는 마음가짐을 뜻한다. 이 능력은 혼자 힘으로 문제를 해결하면서 키울 수 있다. 유대인은 아이의 자립심을 키우기 위해서 자기가 먹은 그릇은 스스로 치우게 하고, 단계적으로 설거지를 돕게 한다고 한다. 설거지로 자립하는 능력을 키우는 셈이다. 설거지는 단순한 물놀이가 아니다. 아이가 건강한 독립을 준비하는 시간이다.

만약 아이가 하는 설거지 때문에 내는 수도세가 아깝다면 생각을 바꿔 보자. 지금 우리 아이는 자립심을 배우고 있고, 우리는 그에 대한 교육비를 내고 있다. 이제 싱크대 아래에 수건을 잔뜩 깔아 놓고 아이가 마음껏 그릇을 닦게 해 주자.

"왜 엄마만 설거지해요? 내가 할래요!"

자기가 해 보겠다고 뛰어오는 아이의 기쁜 발걸음은 보기만 해도 흐뭇하다. 설거지는 엄마만 해야 하는 일이 아니다. 아이가 자기의 앞날을 하나씩 준비하는 시간이기도 하다. 아이들의 자립심이 쑥쑥 자라는 물소리가 지금도 내 귓가에 들린다.

아이와 함께 차리는 홈 카페 & 홈 레스토랑
• • •

내가 아이들과 집에 있을 때 꼭 지키는 것이 하나 있다. 바로 '차한 잔'이다. 아침이나 점심을 먹고 나면 꼭 마시고 싶고, 놓치면 허전하다. 향긋한 차와 함께 잠시나마 마음의 평화를 느끼는 시간을 꼭 보낸다.

이제 아이들도 집에서 쉽게 차를 타서 마실 수 있다. 차 종류에 상관없이 방법은 대부분 비슷하다. 한 가지를 배우면 다른 것까지 응용할 수 있다. 그래서 처음에 가르칠 때 자세하게, 한 단계씩 해보면 좋다. 순서대로 가르쳐도 되고, 아이가 할 수 있는 부분만 참여시켜도 된다. 방법은 다음과 같다.

1단계 : 전기 포트에 물을 두세 컵 담는다

물의 양(400~600밀리리터), 횟수(두 번, 세 번)를 가르칠 수 있다.

2단계 : 물을 70도로 끓인다

요즘에는 온도가 나뉘어 있는 전기 포트가 있다. 온도에 맞게 물을 끓이면서 아이에게 적당한 온도를 알려 준다.

3단계 : 내가 마실 차와 컵을 고른다

어떤 컵에 무슨 차를 마실지 아이에게 물어본다. 선택지 두 개를 주고, 고르게 할 수 있다.

4단계 : 가루, 티백, 과일청을 컵에 담는다

가루가 날리거나 잔여물이 튈 수 있기 때문에 천천히 넣는다. 아이의 손을 함께 잡아 준다.

뜨거우므로 엄마가 하거나 손을 잡고 천천히 한다. 데일 수 있어서, 조심해야 한다는 것을 설명한다.

찻숟가락으로 젓는 법을 보여 준다. 아이가 혼자 할 때는 한 손으로 컵을 잡고 다른 손으로 젓게 한다.

> **TIP** 아이가 만들 수 있는 차: 유자차, 레몬차, 자몽차, 핫초코 등

우유를 이용하면 라떼를 만드는 것도 가능하다. 차를 만드는 것에 비해 난이도가 더 있지만, 아이들이 충분히 흥미를 느낄 수 있다. 방법은 다음과 같다.

156

1단계 : 냄비와 우유를 준비한다

아이가 준비물을 꺼내도록 한다. 물건마다 어디에 있는지 알아맞히기를 할 수 있다.

2단계 : 우유를 계량한다

라떼 한 잔에 우유를 200밀리리터 넣는다. 아이가 눈금을 보고 알맞게 담을 수 있도록, 숫자를 정확하게 알려 준다. 액체의 단위(mL)도 자연스럽게 익힐 수 있도록 단위까지 말해 준다.

3단계 : 냄비에 우유를 붓는다

천천히 붓도록 한다. 만약 우유를 흘리면 뒤처리하는 법을 가르친다.

4단계 : 타이머를 맞추고 끓인다

우유 200밀리리터를 끓일 때는 3분에 맞춘다. 타이머 기능을 쓰도록 가르쳐 주면서 '몇 분'을 제대로 언급한다.

5단계 : 체에 걸러서 컵에 담는다

우유는 끓이면 얇은 막이 생긴다. 컵에 따를 때, 작은 체에 걸러 주면 좋다.

6단계 : 원하는 가루를 섞어 준다

100밀리리터에 한 큰술씩, 200밀리리터면 두 큰술이라고 설명해 준다. 양과 횟수를 정확하게 배우면서 더하기 개념까지 익힐 수 있다.

7단계 : 우유 거품기로 거품을 만든다

비싸지 않으면서 아이도 쉽게 사용할 수 있는 우유 거품기가 있다. 거품이 잘 나와서 아이들이 서툴게 만들어도 그럴싸한 라떼가 된다. 만약 투명한 컵에 만든다면, 어떤 컵에 담긴 우유 거품이 더 두꺼운지 눈으로 보고 비교할 수 있다. '높다', '낮다', '두껍다', '얇다'처럼 상대적인 개념을 자연스럽게 알려 준다.

TIP 아이가 만들 수 있는 라떼: 녹차라떼, 초코라떼 등
라떼를 얼려서 푸드 프로세서에 갈면 간편하게 빙수로
먹을 수 있다.

이번에는 우리 집이 레스토랑으로 바뀔 시간이다. 아이와 함께 수프를 끓여 보자. 수프는 간단한 요리지만 아주 작은 단계로 나누어 놓았다. 처음 만들어 보는 아이에게는 과하다 싶을 정도로 친절하게 순서를 알려 주는 게 좋다. 그러면 아이는 단계마다 성취감을 느낄 수 있다.

1단계 : 준비물을 꺼낸다

냄비, 거품기, 수프 가루, 가위, 주걱을 찾아온다. 보물찾기를 하는 것처럼 아이가 스스로 찾아낼 수 있다.

2단계 : 수프 포장을 가위로 자른다

만약 글씨를 읽을 수 있는 아이라면, 포장 뒷면에 있는 조리법을 한번 읽고 시작하도록 알려 준다. 수프 봉지를 톡톡 쳐 주고, 가루가 없는 위쪽을 가위로 살짝 자르도록 이끌어 준다. 처음 하는 아이는 마구잡이로 봉지를 자르다가 가루를 쏟을 수도 있다. 잘못하면 가루가 지저분하게 날릴 수 있다고 알려 준다.

수프 한 봉에 맞게 물을 담는다. 몇 밀리리터를 넣어야 하는지 단위까지 정확하게 알려 준다. 물 양을 맞출 때 계량컵을 준비해서 계산한다. 또는 정수기에서 나오는 물 한 컵(200밀리리터)을 기준으로 얼마나 넣으면 좋을지 배울 수 있다.
"600밀리리터를 만들려면 물 몇 컵을 받아야 할까?"
아이에게 물어보고 함께 답을 구한다면 수, 양, 더하기 개념을 익히는 시간이 된다.

가루가 날리지 않도록 천천히 조금씩 나눠서 가루를 붓는다.

가루가 눈에 보이지 않을 때까지 잘 젓는다.

냄비의 뚜껑을 덮어 준다.

7단계 : 가스레인지(전기레인지)를 켜고 단계를 맞춘다

아이가 전원을 켠 다음, 불 단계를 조절하게 한다.

8단계 : 끓을 때까지 한 번씩 저어 준다

아이의 손이나 팔에 뜨거운 물이 튈 수 있어서, 장갑을 끼는 것이 좋다.

9단계 : 끓기 시작하면 타이머를 맞춘다

물이 끓고 나면 불의 단계를 줄인다. 표기된 조리법대로 시간을 맞추는 것도 보여 준다. 이때, 몇 분인지 정확히 말해 준다.
"4분으로 해 놓으면 돼."
타이머를 맞추면 줄어드는 시간이 눈에 보이기 때문에, 아이가 시간 개념을 쉽게 이해할 수 있다.

10단계 : 수프를 잘 저어 준다

주걱을 이용해 천천히 젓는다. 너무 빠르게 저으면 주변에 튈 수 있다.

11단계 : 불을 끄고 그릇에 담는다

완성되면 불을 끄고, 국자를 이용해서 먹을 만큼 덜어 낸다. 몇 번 뜰지 아이가 정한다. 아이 스스로 먹을 양을 결정하는 연습을 한다.

그릇이 뜨거울 수 있어서, 엄마
가 쟁반에 올려 주면 아이가 나
른다. 식탁에 그릇을 조심스럽
게 내려놓는다.

아이가 요리를 즐거운 놀이로 여기며 배울 수 있도록, 오늘도 아이와 함께 만들어 먹는다. 제 손으로 먹고 싶은 것을 만들어 먹을 줄 아는 아이, 음식을 만드는 즐거움을 아는 아이는 어디서든 잘 살거라고 확신한다. 오늘은 우리 집을 홈 카페와 홈 레스토랑으로 바꿔 보자. 밖에서 직업 체험을 하지 않아도, 아이는 집에서 일일 주방장이 되어 볼 수 있다. 아이에게는 값진 경험을 쌓는 뜻깊은 시간이 될 것이다.

5장

코로나 시대,
현명한 엄마로
거듭나기

1 | 코로나와 육아는 닮았다?

    지인의 집에서 함께 저녁 식사를 하는 날이었다. 아이들은 먼저 밥을 먹고 놀고 있었다. 갑자기 지인의 딸이 입을 쭉 내밀면서 불만스러운 표정을 지었다. 그러더니 자기 방으로 들어가서 문을 쾅 닫아 버리고는 한참 동안 나오질 않았다. 분명 기분이 안 좋아진 것일 텐데, 도대체 어떤 일로 마음이 상한 걸까? 우리 중 누구도 아이의 마음을 알 수 없었다.

    "아이가 좀 속상한가 봐요."

    "어휴, 그러게요. 나중에는 더할 텐데…. 지금 저러면 사춘기 때는 얼마나 심할까요? 벌써 답답해요."

    "뭐하러 벌써 앞날까지 생각해요."

    "아니에요. 아이가 저러는 걸 보고 있으면, 도대체 언제까지 반복해야 하는 건지 끝이 안 보여요."

    "헉, 이건 코로나랑 똑같잖아요?!"

이야기를 나누다, 우리는 새로운 사실을 깨달았다. 엄마의 마음을 힘들게 하는 육아와 코로나가 묘하게 닮았다는 것이다. 아이들은 하루에도 수십 번씩 감정 변화를 보여 준다. 종일 딱풀처럼 붙어 있으면 이 변화를 더 많이 맛볼 수 있다.

아이들은 까르르 웃으며 놀다가도, 어느 순간 울고불고 난리를 친다. 본인이 꽂힌 게 있으면, 시켜 줄 때까지 생떼를 쓴다. 엄마가 그를 거절하기라도 하면, 삐쳐서 말을 안 하다가 갑자기 뒤집어지고 악쓰며 야단법석을 떤다. 엄마는 그런 아이의 변화를 곁에서 계속 지켜봐야 한다. 꾹꾹 참는 것에도 한계가 있다. 처음에는 아이가 속상할 수도 있지, 화날 수도 있지 하며 넓은 마음으로 이해해 준다. 하지만 종일 아이와 붙어 있다 보면, 엄마의 인내심에도 한계가 찾아온다.

"이제 좀 그만하라고!"

참다 참다 폭발한 엄마는 결국 아이에게 화를 낸다. 마음을 읽어 주는 것도 한두 번이지, 대체 언제까지 너그럽게 아이의 악다구니를 받아 줘야 하는 걸까? 끝이 보이지 않는 감정싸움에 지친다. 육아든 뭐든 때려치우고 밖으로 뛰쳐나가고 싶은 마음이다. 엄마들은 생각한다. 아이 없는 곳에서 혼자 있고 싶다, 누가 나 좀 찾지 않았으면 좋겠다….

끝없는 코로나 사태에 맞서, 집콕 육아를 하는 엄마들은 안팎으로 혼란스러운 상황을 겪는다. 이렇게 시달리다 보면, 어느새 육아와 코로나가 서로 많이 닮았다는 것을 느끼게 된다. 내가 생각한 두 가지 상황의 공통점은 다음과 같다.

1. 끝이 안 보인다

처음 코로나가 터졌을 때는 조금만 조심하면 금방 끝날 줄 알았다. 그런데 아직 끝날 기미는 보이지 않는다. 어떤 전문가는 여름이 되면 감염이 줄어들 것이라고 말했다. 하지만 여름에도 줄기는커녕 심한 확산세를 보였다. 기온이 내려가는 가을이나 겨울에는 더 걱정스럽다. 대체 이 상황은 언제쯤 끝이 나는 걸까? 육아라고 다를 바 없다. 아이는 매일같이 징징거리고, 울고, 떼쓰고, 삐치고, 소리 지르고…. 여기도 끝이 안 보인다. 언젠가 이 사태가 끝날 날이 오긴 할 텐데, 지금은 도저히 모르겠다.

2. 언제 터질지 모른다

지금 내 주변이 잠잠하다고 해도, 바이러스가 언제 나에게 다가올지 모른다. 이처럼 아이의 감정도 언제 180도 바뀔지 모른다. 당장은 좋아 보여도, 무슨 일로 뒤집힐지 알 수 없으니 불안하다. 아이는 쭉 기분 좋은 상태가 아니다. 늘 바뀔 수 있다.

3. 자유롭게 다닐 수 없다

코로나 감염자가 주변에서 많이 나오면, 외출을 할 수가 없다. 나가고 싶어도 참아야 한다. 강제 집콕이다. 아이가 울고불고 난리 칠 때도, 엄마는 자유롭게 나갈 수 없다. 아이 곁에 있어야 한다. 혼자일 때는 어디를 다니든 무엇을 먹든 자유롭지만, 아이가 있으면 무조건 아이 중심으로 결정할 수밖에 없다.

4. 면역력을 키워야 한다

코로나는 감염병이기 때문에 면역력이 중요하다. 육아에서도 아이의 생떼에 동요하지 않으려면 마음의 면역력을 키워야 한다. 엄마의 마음이 단단하고 편안해야, 아이의 변화무쌍한 감정에도 차분하고 유연하게 대처할 수 있다.

5. 인내심이 필요하다

코로나가 심한 상황에서는 잠잠해지도록 기다려야 한다. 육아에서도 아이가 울고불고 뒤집어졌을 때, 스스로 가라앉도록 기다리다 보면 인내심이 생긴다. 내 감정을 조절하고, 인내심을 기르기 위한 연습의 시간이 될 수 있다.

6. 잘 먹고 잘 쉬어야 한다

코로나를 이기려면 잘 먹고 푹 쉬는 게 좋다. 육아할 때도 마찬가지다. 먼저 엄마가 잘 먹고 잘 쉬는 게 제일 중요하다. 내 몸 상태가 좋아야 아이의 행동과 감정을 넉넉한 마음으로 품기도 쉽기 때문이다. 지켜보고 기다려 주는 것 또한 몸이 먼저 편해야 할 수 있다.

앞으로 어떻게 변할지 한 치 앞도 알 수 없는 것이 코로나와 육아다. 하지만 분명 시간이 지나면 어떤 형태로든 끝이 올 것이다. 지금 당장은 모를 뿐이다. 이때, 우리에게 필요한 것은 지금 이 순간에 집중하며 살아가는 태도다. 내가 통제할 수 있는 일과 할 수 없는 일을 구분하자.

전 세계로 퍼진 코로나바이러스를 내가 어떻게 할 수 없듯, 아이에게 일어나는 감정 변화를 내가 통제할 수는 없다. 하지만 내 몸을 건강하게 만들 수는 있다. 그리고 아이의 행동과 감정에 어떻게 반응할지는 스스로 선택할 수 있다. 그러므로 내가 바꿀 수 있는 것과 할 수 있는 행동에 집중해야 한다. 아이가 난리를 치는 상황이라면, 평정심을 유지하기 위한 연습의 기회로 여긴다. 아이의 감정과 내 느낌을 구분하며 아이의 화에 맞대응하지 않는다. 그렇게 나는 오늘도 단단히 여물고 있다.

2 | 부정적인 생각을 10초 안에 바꾸는 말

'사촌이 땅을 사면 배가 아프다'는 말은 딱 내 이야기였다. 나는 남이 나보다 잘되는 꼴을 보기 싫었다. 내가 남보다 무조건 잘되면 좋겠다고 생각했다. 가수 2NE1이 '내가 제일 잘나가'란 말을 반복하며 불렀던 노래가 내 주제곡이었길 바랐지만, 현실은 그렇지 않았다. 고등학생 때, 한 친구와 같은 대학교를 지원했다. 합격 발표가 난 다음 날, 그 친구에게 전화가 걸려 왔다.

"난 합격했는데. 너 어떻게 됐어?"
"와, 잘됐다. 축하해."

나는 떨어졌는데, 그 친구는 붙었다는 소식이었다. 전화한 친구가 밉고 부러웠다. 생전 연락 안 하더니, 자기 합격했다고 전화하는 건 뭐람. 갑자기 울음보가 터졌다. 그 뒤로 그 친구와는 연락하지 않았다.

"언니, OO이 남편은 출근하기 전에 아침상까지 다 차려 놓고 나
간대요."

어느 날, 지인의 남편 이야기를 들었다. 시댁, 친정 모두 가까이
있어서 한 번씩 돌아가며 아이를 돌봐 주신다고 했다. 내 상황과 확
연하게 비교되었다. 나는 남편과 아이가 먹을 아침상을 차리고 출근
하기 바빴다. 칼퇴근을 하면 머리를 휘날리며 어린이집에 가서 아이
를 데려왔다. 그렇게 집에 들어가면 해야 할 집안일이 산더미였다.
나 혼자 육아도, 집안일도 다 하고 사는 기분이었다. 늦게 들어오는
남편을 생각하니 속에서 천불이 났다.

게다가 시댁과 친정은 우리 집에서 멀었다. 아이가 갑자기 열이
라도 나면 어디 맡겨야 하나 발을 동동거리기 일쑤였다. 가뜩이나
맘 편히 아이를 맡길 곳도 없어서 서러운데, 지인의 이야기를 듣자
니 끝없이 질투가 났다. 누구는 편하게 아이 키우며 사는데, 내 인생

은 왜 이렇게 도와주는 이 하나도 없고 버겁기만 한 걸까.

하지만 돌아보면 내가 힘들다고 생각했던 현실은 모두 내가 만든 고정 관념에서 비롯되었다. '남편은 이래야 해', '좋은 엄마는 이래야 해', '나는 남보다 일이 잘 풀려야 해'처럼 내가 가진 생각이 스스로 끊임없이 괴롭혔다. 사실 나를 제일 고되게 하는 사람은 남이 아니었다. 바로 내 안에 깊게 뿌리내리고 있던 견고한 생각이 범인이었다.

언제까지 남들과 견주고 부족한 내 모습에 속상해하며 살아야 할까? 더는 남이 나보다 잘되는 것, 내 형편보다 나은 남들의 모습을 보고 질투하며 살고 싶지 않았다. 비교, 질투, 한탄, 우울로 쳇바퀴처럼 도는 생각을 벗어나 새롭게 나아가는 문을 열어 보자. 어떻게 하면 좋을까?

일단 나 스스로 안경을 새롭게 쓰기로 했다. 부정적인 생각을 10초 안에 바꿔 주는 세 가지 말이 있다. 이 말을 하면서 기존의 안경을 바꿔 쓰자, 그동안 불평했던 환경이 다르게 보였다. 부정적이었던 내 생각을 확 바꿔 준 말은 무엇일까?

첫째, 질투가 생기는 다른 사람의 모습에 대해서는 마지막에 '멋지다'로 말한다. 질투라는 감정은 '그 사람은 할 수 있는데 나는 못 한다'는 마음에서 생긴다. 누군가 해낸 일이라면 나도 충분히 할 수 있는 일이다. 가능하다는 생각으로 도전하면 된다.

내가 첫 번째 책을 냈을 때, 나와 비슷한 시기에 책을 출간한 사람이 있었다. 그는 자유롭게 강연도 하고 여러 가지 모임을 주최했다. '나는 육아 때문에 강의하기도 힘든데, 저 사람은 여기저기 가르치러 다니고 모임까지 이끄네'라고 생각하며 그를 질투했다. 하지만 태도를 바꿔서, "강연도 하고 다양한 활동을 하다니, 정말 멋지다"라고 말했다. 그러자 신기하게 내 이름을 건 두 번째 책이 나오고, 나도 온라인 강의를 할 수 있게 되었다.

코로나가 퍼지면서, 오프라인으로 여러 사람을 만나기는 힘들어졌다. 나는 블로그를 통해 온라인 모임을 만들어, 여러 사람과 좋은 습관들을 함께 만들고 있다. 중요한 것은 질투의 마음을 도전하는 행동으로 바꾸는 것이다. 나는 내가 본받고 싶은 모습을 보고 배우며, 하나씩 해 본다.

둘째, 지금 내게 일어난 사건에 '딱 좋아!'라고 말한다. 처음에 문제라고 생각했던 일은 좋은 결과의 전주곡이 될 수 있다. 이런 마음으로 내 삶에 일어날 기분 좋은 것들을 상상하면, 같은 사건을 겪어도 다른 결과를 맞이할 수 있다.

어느 날, 나는 우회전을 하려고 차를 멈추었다. 그런데 뒤에서 따라오던 차가 내 차를 받았다. '아, 뭐야. 제대로 보고 다녀야지. 지금 아이들도 앉아 있고, 갈 길이 바쁜데….' 속에서는 욕이 나왔지만 마음을 가다듬고 "딱 좋아!"라고 말했다. 결론적으로 100퍼센트 뒤차의 과실이었기 때문에, 상대방이 내 차의 뒷부분을 다 수리해주었다. 그러자 차가 새 차가 되었다. 좋은 일은 한 가지 더 일어났다. 그동안 나는 목과 어깨에 통증을 느꼈음에도 간단한 스트레칭만 하고 방치했다. 하지만 사고를 계기로 병원에 가서 어깨, 몸, 허리까지 치료받으니 뭉쳤던 근육이 풀리는 기분이었다. 개운하고 시원해서 딱 좋았다.

셋째, 내가 선택한 모든 행동에 '괜찮아, 잘했어'로 무조건 응원한다. 나는 힘든 고민과 결정을 거친 다음에 꼭 후회하는 버릇이 있었다. 한 가지 예시로, 첫째 아이를 낳았을 때 24개월까지만 아이를 키우고 복직했다. 그런데 아이는 1년 동안 어린이집을 다니며 수도 없이 아팠다. 툭하면 열이 나서 맡길 곳을 찾느라 힘겨웠다. 아이가 아플 때마다 36개월까지 돌보지 못해서 그런가 싶어 미안하고 속상했다.

"그때 이렇게 할 걸. 그랬으면 더 나았을 텐데."

다른 선택을 하면 결과가 더 나으리란 건 내 착각일 뿐이다. 다른 선택을 한다고 상황이 지금보다 괜찮아졌을지는 누구도 알 수 없다.

돌아보면 나는 언제나 깊게 고민하고, 그 상황에서 가장 최선을 골랐다. 그래서 설령 지금 상황이 나빠 보여도 "괜찮아, 내 인생에 가장 좋은 선택이었어"라고 말해 주었다. 남이 뭐라 하든 나부터 온전하게 내 결정을 응원해 주었다.

복직 후 2년을 일하다가, 나는 다시 육아 휴직을 내고 홈스쿨링을 시작했다. 사실 처음에는 내가 일을 괜히 복잡하게 만드는 건 아닐까 후회했다. 지나고 보니 아니었다. 그 경험으로 첫 번째 책을 쓸 수 있었다. 게다가 두 아이와 함께 한 시간은 오히려 내면으로 성장하는 계기가 되었다. 정말 필요한 건 내가 나에게 건네는 따뜻한 응원의 말이었다.

중요한 건 일어난 문제가 아니라 그것을 해석하는 내 눈과 나에게 해 주는 말이다. 어떤 안경을 끼고 상황을 바라볼 것인지는 내가 고를 수 있다. 무슨 말을 할지 선택할 수 있다. 크고 작은 사건으로 질투를 느끼고 한탄하며, 부정적인 생각에 사로잡힐 때에는 이렇게 말해 보자.

"자, 이제 안경을 낄 시간이야. 지금 바로 다르게 바라볼까?"

안경을 쓰고 말을 다르게 해서 현실을 새롭게 바라본다. 내 안에 있는 부정적인 고정 관념을 알아차리고 10초 안에 긍정의 말로 바꾼다. 잘 안 되더라도 자꾸 실천해 보자. 일이 벌어졌을 때 자동으로 입에서 나오게끔 연습한다. 문제는 늘 있기 마련이고, 인생은 선택의 연속이다. 그럴 때마다 나는 어떤 안경을 쓰고 무슨 말을 하며 현실을 볼 것인가? 지금 쓸 안경과 할 말은 내가 선택한다.

3 | 오늘도 미칠 것 같다면

나는 둘째 아이를 낳고 심하게 우울한 시기를 겪었다. 하루에도 여러 번 감정이 파도를 쳤다. 거대한 물살이 나를 덮치는 것처럼 숨 쉬기 힘들었다. 하루 24시간, 7일 내내 독박 육아를 하다 보니 지치고 힘들었다. 남편은 집에 없고, 아이 둘과 온종일 보내는 하루하루는 길어도 너무 길었다. 첫째 아이를 낳고도 외롭고 울적했지만, 그때보다 더 심각한 수준이었다. 혼자 감당하기 버거울 정도였다.

'왜 이렇게 힘들지? 자꾸 부정적인 생각에 빠지면 안 되는데. 행복하고 기쁜 하루를 보내야지. 이러면 안 돼, 감사해야지. 나한테 지금 얼마나 감사할 거리가 많은데.'

애써 감사한 마음을 떠올려 보려고 했지만, 그때뿐이었다. 내 마음이 고장 난 걸까? 마음이 도저히 내 말을 듣지 않았다. 금방 다시 우울한 기분이 한없이 올라왔다.

'그래, 뭐라도 해서 이 고리를 끊어내자. 내가 할 수 있는 건 다 해 보는 거야. 그러다 보면 1년 뒤, 2년 뒤에 만날 나는 지금보다 더 나은 사람이겠지. 분명 이렇게 슬프고 외로운 마음에 휘둘리는 사람은 아닐 거야.'

간절한 마음으로 시작했다. 나를 사랑해 주고, 진정한 나를 찾고 싶었다. 어느새 육아는 '아이'를 잘 키우는 것에서 '나'를 건강하게 키우는 시간으로 바뀌었다. 이 또한 아이와 함께 성장하는 값진 경험이다. 처음에는 무엇을 해야 좋을지 몰랐기에 그냥 끌리는 것, 나를 성장하게 해 주는 활동, 엄마가 아닌 나 자신에 초점을 맞추는 것으로 하루를 채워 나갔다. 그렇게 2년 가까운 시간이 흐르며, 많은 일을 겪었다. 지금 돌아보니 힘겨워하던 때에 비하면 마음이 조금 더 단단해진 것 같다.

코로나로 등 떠밀려 집콕 육아를 하다 보면 어떤가? 지치고 우울하다. 자유롭게 나가기도 어려우니, 감정이 가라앉을 수 있다. 과거의 나와 같은 고민을 하는 이들에게 작은 도움이 될 수 있기를 바라며, 내가 성장하기 위해서 2년 넘게 실천했던 것들을 나누려 한다.

1. 체력 기르기

'체력 하나만 달라져도 인생의 많은 것들이 변합니다.'

'언제라도 손짓하며 지나가는 기회라는 놈의 앞머리를 확 잡아챌 수 있도록 몸 상태를 준비해 놓고 싶다.'

《마녀 체력》에 나오는 내용이다. 우선 체력부터 키우기로 했다. 요즘에는 유튜브에 정말 좋은 홈 트레이닝 영상이 많다. 요가든, 홈 트든, 집 주변 산책이든 본인이 제일 끌리는 것으로 하면 된다. 집 에서 아이와 있으면 긴 시간 운동을 할 수 없다. 짧은 시간으로 잡 고, 내가 감당할 수 있는 정도로만 한다.

최근, 다시 감정이 파도치는 것을 느꼈다. 아무래도 집에만 있어 서 우울해지는 것 같았다. 코로나라는 거대하고 심각한 상황 앞에 서, 나는 참 약한 존재라는 생각으로 기운이 빠졌다. 안 좋은 기분 을 떨치기 위해 사람들이 별로 없는 산책길을 걷고 낮은 산을 오르 기 시작했다. 숲속에서 맑은 새소리를 들으니 개운하고, 몸을 쓰며 걷다 보니 머리가 맑아졌다. 문득 책을 써야겠다는 마음이 들었다. 그 덕분에 세 번째 책도 쓸 수 있게 되었다.

2. 나만의 시간 가지기

"엄마!"

아이는 하루에 수십 번도 넘게 엄마를 부른다. 끝도 없이 울리는 알람 같다. 끄기 무섭게 다시 온 집안을 울린다. '엄마도 좀 쉬자. 그만 불러'하는 마음이 수도 없이 떠오른다. 점점 지쳐갈 때쯤, 한 가지 탈출구를 정했다. 토요일 오전에는 남편이 아이를 보기로 한 것이다. 일주일 내내 도맡았던 육아에서 단 몇 시간이라도 산소 호흡기를 끼게 되었다. 나는 카페에서 맛 좋은 차와 샌드위치를 먹으며 일주일 동안 수고한 나에게 상을 주었다.

대신 남편은 일요일 저녁에 자유 시간을 갖는다. 서로의 자유 시간에는 진짜 큰일 아니면 연락하지 않는다. 각자 온전한 시간을 선물하는 것이다. 엄마와 아빠 모두에게는 개인 시간이 필요하다. 그 누구의 방해 없이, 혼자만 있는 시공간은 상쾌한 공기와 다름없다.

평소 아이들과 함께 있을 때는 내 성장을 돕는 활동에 집중하기가 어렵다. 그래서 이른 아침 시간을 노린다. 처음에는 6시 기상을 목표로 했지만, 이제는 4시에 깬다. 아이들이 자는 고요한 새벽, 온전히 홀로 있으면서 나에게 좋은 걸 한다. 이 시간은 나에게 '미라클 모닝'이다.

나는 최명희 작가의 《혼불》 필사, 고전 필사, 경제 신문 읽기, 블로그와 브런치에 글쓰기 따위를 하고 있다. 만약 올빼미형이라면 '미라클 나잇'도 좋다. **시간을 기적으로 바꾸는 핵심은 깨어있는 시간에 생산적인 활동을 집중해서 한다는 점이다.** 아이를 키우기 때문에 미뤄 왔던 활동들로 채운다. 처음에는 독서, 글쓰기, 영어, 운동 중에서 골라 짧게 10분부터 시작한다. 패턴이 점점 익숙해지면 한 시간에서 세 시간까지 늘려서 시간을 밀도 있게 쓴다. 이를 꾸준하게 해내면 점점 발전하는 나를 만나게 된다.

ⅼ. 지금, 이 순간을 살기

"순간을 사랑하라. 그러면 그 순간의 에너지가 모든 경계를 넘어 퍼져나갈 것이다."

수녀이자 예술가로 활동했던 코리타 켄트가 말했다. 그 말을 따라, 나도 막막한 앞날을 보기보다는 지금에 집중하며 살기로 했다. 오늘을 잘 보내면 내일도 그럴 수 있을 테니까. 무슨 일이 벌어질까 불안에 떨며 하루를 보낼 순 없지 않은가? 나는 아이와 지금 당장 함께 할 수 있는 것에 눈을 돌렸다.

아이들과 집안일을 같이 한다. 두 아이가 알아서 잘 노는 시간에, 나는 쉰다. 내가 좋아하는 간식과 차 한 잔으로 내 마음을 토닥여준다. 코로나 시대에는 건강한 몸과 맑은 정신 상태를 만드는 것이 필수다. 배고프고 피곤하면 아이한테 쓴소리를 내뱉게 되기 때문에,

그 전에 틈틈이 먹고 쉬면서 상태를 조절한다. 지금 내가 가진 것에 집중하고, 할 수 있는 일을 한다. 그렇게 내 인생은 내가 책임진다.

4. 하루 7분! 경제에 눈뜨기

'더는 눈뜬장님으로 살 수 없지. 세상이 어떻게 돌아가고 있는지부터 알아야겠어!'

문득 여러 분야 중에서 경제와 돈에 대해서 자세히 배우고 싶다는 생각이 들었다. 재테크 책에서는 한결같이 부자는 경제 신문을 읽는다고 말한다. 그동안 나는 신문을 꾸준하게 본 적 없었다. 어떻게든 반강제로 신문을 펼치게 해 줄 장치가 필요했다. 내 몸이 신문과 가까워질 수 있도록 말이다. 같이 하는 사람들이 있으면 어떨까? 함께 하면 멀리, 오래 갈 수 있다고 하지 않은가. 나는 경제 신문에 관심이 있는 사람들을 모아, 온라인 모임을 만들었다. 그리고 함께 실천해야 할 습관 세 가지를 정했다.

1) 날마다 딱 7분 시간을 내서 경제 신문 제목을 살펴본다.
2) 관심 분야의 기사 제목 한 가지 이상을 공책에 꾸준히 기록한다.
3) 3주 동안 벌어진 국내, 국외 사건 가운데 중요한 이슈를 한 가지 적는다.

타이머를 7분에 맞추고 집중하며 경제 신문을 넘겨 보았다. 단지 신문 제목만 가볍게 훑어봤을 뿐인데, 신기하게도 세상에 눈을 조금씩 뜨는 것 같았다. 깜깜한 밤에 작은 등불이 하나 켜진 느낌이었다. 계속 실천하면 경제를 읽는 눈, 돈의 흐름을 보는 감각이 생기겠다는 확신이 생겼다. 나와 함께 모임에 참여하는 한 분이 말했다.

"휴직하고 육아만 하다 보니 눈과 귀를 닫고 살았는데, 단 7분만으로 세상과 소통할 수 있다는 것을 깨달았어요. 딱 7분만 시간을 내도 세상 돌아가는 소식을 알 수 있는데… 그동안 뭐가 그렇게 바쁘다고 멀리했는지!"

아이를 키우다 보면 다 비슷한 마음인가보다. 나만 뒤떨어진 것 같고, 무인도에 갇혀서 지내는 것 같은 기분 말이다. 종일 아이 뒤꽁무니만 따라다니고 집안일을 하다 보면 '내가 지금 뭐 하고 있는 거지?' 싶은 마음이 절로 든다. 이건 나만 그런 게 아니었다.

최근에는 '코로나 블루'라는 말까지 나왔다. 코로나19와 우울증이 합쳐진 말로, 바이러스가 퍼지면서 생긴 무력감이나 우울감을 뜻한다. 20대 10명 중 7명이 코로나 블루를 앓고 있다는 기사가 〈매일경제〉 2020년 8월 27일 자에 나왔다. 언제 끝날지 모르는 상황에 대한 불안감, 취업에 대한 불안감, 활동 제한으로 20대 청년들의 마음이 병들어 가고 있다.

어디 20대만 그렇겠는가? 지금은 누구나 코로나 블루에 노출되고 있다. 나 역시 자꾸 기분이 가라앉고, 무기력하며, 몸이 축 처지기도 한다. 주변의 모든 이들이 힘들게 버티고 있다. 여기에서 우리는 어떤 문을 열고, 어떤 길을 걸을지 선택할 수 있다. 오늘도 미칠 것 같다며 힘들어하고만 있을 것인가? 아니면 상황은 어려울지라도, 나에게 맞는 삶을 만들어 갈 것인가? 모든 건 내 선택에 달려 있다.

4 지갑에 5만 원권 지폐를 넣고 다니는 이유

1800년, 독일 시골 마을에서 한 아기가 9개월 만에 태어났다. 아이는 지능이 떨어진다는 이야기를 들었지만, 아버지는 '교육을 제대로 받으면 뛰어난 사람이 될 수 있다'는 신념을 절대 버리지 않았다. 그는 정성을 다해 부족한 아들을 열심히 교육했다.

아이는 8살 때부터 어렵다는 고전을 번역이 아닌 원전으로 스스로 읽었다. 9살이 된 아이는 놀랍게도 6개 국어를 유창하게 구사할 수 있었다. 10살에는 라이프치히대학교에 입학했다. 13살에는 기센대학교에서 철학 박사 학위를 받았는데, 최연소 박사 학위를 받은 사람으로 기네스북에 오르기까지 했다. 무엇보다 그는 공부하는 것 자체를 즐거워하며 건강하게 자랐다.

과연 그는 누구일까? 바로 칼 비테 주니어다. 이 아이를 기른 사람은 영재 교육으로 유명한 칼 비테다. 그가 쓴 《칼 비테 교육법》은 100년 동안 묻혀 있다가, 하버드대학교 레오 위너 교수에게 발견되어 다시 전해지게 되었다. 칼 비테 교육법은 굉장히 신선하고 새로웠다. 그가 한 말 가운데 가장 기억에 강하게 남은 것이 있다.

"난 네가 훌륭한 사람이 되기를 바라는 동시에, 기본적인 일상생활에도 충실하기를 바란다. 머리가 아무리 똑똑해도 생활력이 없는 사람은 아무짝에도 쓸모가 없어."

내 육아 목표인 '행복한 생활인 키우기'도 이 말에 크게 영향을 받은 것이다. 그렇게 칼 비테가 교육의 최강자라고 생각하던 중, 칼 비테를 뛰어넘는 한 사람이 나타났다. 그는 누구인가?

아이를 일곱 명 낳았으며, 그 중 다섯째 아들은 조선 최고의 천재로 손꼽힌다. 어려운 가정 형편 때문에 아이 일곱 명을 모두 '홈스쿨링' 했다. 엄마가 먼저 고전을 읽고 공부했으며, 이를 토대로 아이들을 가르쳤다. 실력이 얼마나 뛰어났는지, 그의 남편도 한 수 배울 정도였다. 또한 어릴 때부터 시와 그림에 뛰어난 재능을 보였다. 친정에서는 아이의 재능을 일찌감치 알아보고, 아이가 그림을 그리고 시를 쓸 수 있도록 환경을 만들어 주었다. 조선 시대에 여성의 신분으로 자기 재능을 꽃피우기는 쉽지 않은 일이었다. 하지만 그는 꾸준하게 시를 쓰고 그림을 그렸다. 또한 아이들을 키우면서도 책을 손에서 놓지 않았다.

이 대단한 사람은 누구일까? 바로 신사임당이다. 특히 일곱 명이나 되는 아이를 각자 특성에 맞게 교육했다는 것이 가장 놀라웠다. 신사임당의 첫째 딸은 엄마를 닮아서 그림을 잘 그렸다. 막내는 거문고를 잘 타고 시를 잘 지었다. 첫째 아들은 41세에 비로소 과거 시험에 합격했다. 신사임당은 그때까지 자식을 응원하며 지켜봐 주었다. 다섯째 아들인 율곡 이이는 과거 시험을 아홉 번이나 봤는데, 모두 장원 급제해서 구도장원공이란 별명이 있다. 엄마와 아들이 얼마나 대단한지 두 사람이 모두 우리나라 화폐에 담겨 있다. 게다가 신사임당은 현금 중 최고 금액인 5만 원권에 그려져 있을 정도다.

내가 교육의 최강자라고 생각했던 칼 비테는 아이를 한 명 키웠다. 반면 신사임당은 일곱 명이나 키웠는데, 각자의 재능을 살려주고 돈독한 우애까지 교육했다니! 그뿐만 아니라, 부족한 남편과 시댁의 형편까지 감당하며 자기의 할 일을 다 했다고 한다. 존경심에 저절로 고개를 숙였다.

사실 나는 그동안 《유대인 교육법》이나 《칼 비테 교육법》처럼 다른 나라에서 대단하다고 여기는 것들만 찾아서 읽고 배우려고 했다. 가까이에 있는 유익한 것들을 애써 찾으려 하지 않았다. 하지만 신사임당의 업적을 알게 되면서 내 태도는 달라졌다. 우리나라 선조들의 교육에 대해서 먼저 알고, 좋은 것을 발견하면 내 것으로 만들기로 했다. 그런 의미에서 우선 지갑에 5만 원을 넣고 다니게 되었다. 항상 곁에 가까이 두고, 꺼내 볼 때마다 신사임당의 태도를 마음에 새기고 싶어서다. 신사임당이 보여 준 삶의 모습에서, 특별히 기억하고 싶은 것은 세 가지가 있다.

1. 현실에 좌절하지 않고, 삶을 개척했다

신사임당의 시댁은 형편이 어려웠고, 남편은 자기보다 능력이 부족했다. 그런데도 신사임당은 남을 탓하지 않았다. 돈이 없다고 아이들을 내버려 두지 않았다. 자신이 가진 능력을 십분 활용하여 집에서 아이에게 그림 그리기를 가르치고, 고전을 읽게 했다. 부족한 살림이더라도 알뜰하게 썼다. 돈이 부족하다고 아이를 제대로 키우지 못하는 게 아니다. 주어진 환경을 탓하기만 하면 바뀔 것은 없다.

2. 자기 계발의 끝판왕이다

신사임당은 아이에게 젖을 먹이면서도 책을 손에서 놓지 않았다. 엄마가 먼저 고전을 읽고 실천했다. 아이들이 읽으면 좋을 구절은 써서 집안 곳곳에 붙였다. 육아하면서 틈나는 대로 그림을 그리고 시를 써서 자기의 재능을 썩히지 않았다.

아이를 일곱 명 키우면서도 자신을 버려두지 않았다니, 멋져도 너무 멋지다. 아이 키우느라 못한다고 핑계 댈 일이 아니었다. 육아하면서 때에 따라 내가 발전할 수 있는 부분을 찾으면 된다. 일곱 명을 키운 분도 하셨는데, 두 명 키우는 내가 못 할 것은 없다.

ㅌ. 아이마다 재능을 알맞게 살렸다

사실 아이는 한 명 제대로 키우기도 벅차다. 그런데 일곱 명 각자에게 맞는 미술 교육, 고전 교육, 음악 교육을 가정에서 해나갔다는 게 멋질 따름이다. 아마 본인의 능력을 갈고닦으며 살아왔기에, 아이들의 재능도 잘 살려 줄 수 있었으리라.

엄마가 고전을 읽으면 그 가르침을 아이들에게 전해 줄 수 있다. 그림을 그리고 시를 쓸 수 있으면 아이에게도 그와 같은 환경을 만들어 줄 수 있다. 일단 나부터 내가 잘하고 좋아하는 것들을 찾아 나가자. 그래야 아이를 계속 관찰하며 아이가 가진 재능도 키울 수 있도록 도와줄 수 있다.

처음 학문을 하는 사람은 맨 먼저 뜻부터 세워야 한다. 그리하여 자기도 성인(聖人)이 되리라고 마음먹어야 한다. 그렇지 않고 만일 조금이라도 자기 스스로 하지 못한다고 물러서려는 생각은 가져서는 안 된다.

율곡 이이가 쓴《격몽요결》첫 장인 입지장立志章에서 시작하는 말이다. 먼저 뜻을 올바르게 세우자. 다음으로 끝까지 해내려는 노력이 뒤따라야 한다. '엄마'에서 '나'로 건강하게 자라려는 마음이 중요하다. 절대로 말로만 아이에게 멋진 어른이 되라고 가르치지는 않으리라. 나부터 더 멋진 사람이 되려는 다짐과 행동들이 모이면 아이도 잘 자랄 수 있다. 나는 나를 믿고 아이를 믿는다.

5 | 아이와 엄마의 자존감을 높이는 일기

많은 육아서에서 자존감이 높은 게 좋다고 말한다. 엄마의 자존감, 아이의 자존감 주제를 담고 있는 책들도 많다. 자존감 홍수의 시대에 사는 셈이다. 그렇다면, 자존감이란 대체 무엇일까? 그리고 가정에서 어떻게 하면 자존감을 기를 수 있을까?

자존감의 기본 의미는 '자신을 어떻게 평가하는가'이다. 자신을 높게 평가하는지, 낮게 평가하는지에 대한 정도를 뜻한다. 이때 점수나 높이로 자존감이 어느 수준인지 표현할 수 있다.

《자존감 수업》에서 나온 자존감의 의미다. 자존감은 자신을 높고 낮은 지수로 평가하는 것이다. 자기를 어떻게 바라보고 있냐는 말과 다름없다. 자존감이 높다는 것은 자신을 괜찮게 느낀다고 볼 수 있다. 자존감이 낮다는 것은 자신을 가치 없거나 못나게 느낀다고 할 수 있다.

자존감이 높은 것이 왜 중요한 걸까? 사실 평소에는 크게 다르지 않다. 문제가 생겼을 때 어떻게 해결하려고 하는지에 따라 차이가 난다. 자존감이 높은 사람은 대개 자신의 인생을 스스로 책임지려고 한다. 눈앞에 벌어진 문제를 피하지 않고, 정면으로 해결 방법을 찾아 나가는 것이다.

하지만 자존감이 낮은 사람은 다른 사람을 탓하거나 사회를 원망한다. 나에게는 해결할 힘이 없다고 생각하기 때문에 포기한다. 자존감과 자신감은 가까이 붙어서 서로 영향을 줄 수 있다. 무엇보다 어릴 때부터 '나는 할 수 있는 사람, 해내는 사람, 존재만으로 소중하고 귀한 사람'이라고 생각하면서 자랄 수 있도록 도와주는 게 중요하다. 그리고 자존감을 높여 주기 위해서는 때에 맞게 아이를 칭찬해 주는 것이 중요하다. 더 나아가 하루를 마무리하면서 아이와 진솔한 이야기를 나누고 글로 남겨 놓는 방법도 있다.

나는 《열두 살에 부자가 된 키라》에서 '성공 일기'라는 아이디어를 얻었다. 다음은 성공 일기에 대한 주인공 키라와 머니의 대화이다.

"난 내가 특별하게 자신감이 강한 사람이라고는 생각하지 않아."

"하지만 쉽게 얻을 수는 있지. 어떻게 하는지 알고 싶니? 쓰다 남은 공책이나 일기장으로 '성공 일기'를 만드는 거야. 그리고 네가 잘한 것들을 모두 써넣는 거야. 네가 개인적으로 성공한 것들을 매일,

최소한 다섯 가지 이상씩 쓰는 게 제일 좋아. 아주 사소한 것이라도 괜찮아."

대화에 나온 대로 다섯 개씩 날마다 쓰면 아주 좋다. 하지만 개수에 부담을 느끼면 꾸준히 하기 어려울 수 있다. 내가 새롭게 정한 방법은 한 개만 쓰는 것이다. 짧고 굵고, 쉽고 편하게 하는 게 좋기 때문이다. 저녁이 되면 식구 모두 오늘 하루 한 개씩 해낸 내용이 담긴 소중한 성공 일기를 만든다. 우리 집 1호 보물이다.

✎ 성공 일기 쓰는 법

1) 오늘 있었던 일 가운데 내가 해낸 일을 한 가지 생각한다.
2) 아이가 말로 표현한다.
3) 엄마는 아이가 한 말을 정리해서 공책에 쓴다.
4) 글쓰기에 능숙한 아이라면 아이가 직접 쓴다.

나는 보통 두 아이와 저녁에 성공 일기를 써서 하루 마무리를 칭찬으로 한다.

"오늘은 무엇을 잘 해냈어?"

아이에게 물어보면 어떤 날은 아이가 쉽게 대답한다. 간혹 머뭇거리는 날도 있다. 그러면 내가 생각한 것을 얘기해 준다.

"이거를 잘한 것 같은데, 너는 어때?"

단, 성공 일기를 쓸 때는 부모가 아이의 칭찬 거리를 먼저 단정
하듯 말하지 않는다. 아이 스스로 내가 뭘 잘 해냈는지 평가한 것을
쓴다. 날마다 잘 해낸 것이 있다는 기분이 들 수 있도록 한다. 집에
서 오빠가 하는 걸 자주 보더니, 둘째 아이도 곧잘 말했다. 과연 둘
째 아이가 잘했다고 여기는 건 뭘까?

"쉬, 똥!"

소변과 대변을 변기에 잘 쌌다는 뜻이다. 제대로 나이에 맞게 표
현할 줄 아는 아이들을 보니 참 사랑스러웠다. 어린 아이는 잘 먹고
잘 싸는 게 진짜 잘한 일이기 때문이다. 성공 일기를 쓰고 나면 감
사 일기를 쓴다. 잘한 나를 칭찬하고 오늘에 감사하기 위함이다. 감
사 일기 쓰는 법은 다음과 같다.

✐📏 감사 일기 쓰는 법

1) 오늘 감사했던 일을 떠올린다.
2) 가장 감사한 일 한 가지를 말한다.
3) 아이가 한 말에 "~해서 정말 감사하겠구나"라고 말해 준다.
4) 공책에 쓴다.

"오늘은 무엇에 감사해?"

아이에게 묻는다. 첫째 아이는 무언가 새로 생긴 날 감사를 더 잘한다. 물론 나도 그렇다. 감사 일기를 쓰자고 하면 둘째 아이가 "쉬, 똥!"을 크게 외치며 달려온다. 글씨를 모르는 딸을 위해서 그림도 그려 준다. 작은 아이는 그것만 봐도 엄마가 무엇을 썼는지 알아챈다. 한 번씩 공책을 넘기면서 말하며 웃는다.

성공 일기와 감사 일기를 날마다 쓰면 참 좋겠지만, 육아에서는 늘 변수가 있지 않은가. 강박 대신 융통성과 여유를 가지는 게 꾸준히 할 수 있는 방법이다. 일주일에 적어도 세 번은 쓰려고 한다.

'자신의 기록이 모여 역사가 되는 것을 느낀다.'

《우리글 바로 쓰기》에 나오는 말이다. 기록은 힘이 세다. 마지막까지 남는 건 기록뿐이다. 어제 일도 자고 일어나면 잘 기억나지 않는다. 어쩜 이리도 잘 까먹는지 분명 뭔가 있었던 것 같은데 지나고 나면 까맣게 잊고 산다.

저녁을 먹고 온 가족이 둘러앉아서 잘 해낸 것, 감사한 것을 하나씩 말해 보면 어떨까? 말한 것들을 공책에 쓰면서 하루를 성공과 감사로 마무리해 보자. 공책이 쌓여 갈수록 엄마와 아이의 자존감도 올라갈 것이다.

친정 엄마에게 반찬을 만들어 드려 봤나요?

● ● ●

　친정 아빠에게 새롭게 알게 된 '된장 묵은지' 반찬에 대해 말씀드렸다. 부모님은 한 번도 드셔 본 적 없다는 반응이었다. 내가 열심히 설명하니까 아빠는 말씀하셨다. "네가 이번에 와서 한번 만들어 보면 좋겠구나." 최근 항암 치료를 잘 끝낸 엄마를 위해 반찬을 만들어 드릴 수 있다는 생각에 가슴이 두근거렸다.

　돌이켜 보면 늘 엄마가 해 주신 반찬만 먹었지, 정작 엄마를 위해 따뜻한 밥상을 차려 드린 일이 별로 없었다. 이번에 선보일 된장 묵은지 반찬으로 엄마 입맛이 조금 더 돌기를 바랐다. 사실 그동안 코로나 때문에 친정에 제대로 가지 못했다. 특히 엄마가 항암 치료를 받는 중이라 친정에 가는 게 더욱 조심스러웠다. 드디어 항암 치료를 무사히 마친 날이 왔으니, 기쁜 마음으로 방문할 수 있었다.

엄마를 위한 메뉴, 된장 묵은지는 지인의 집에서 처음 맛보았다. 별거 없어 보이는 생김새와 달리, 막상 먹으니 속이 편안하고 입맛을 좋게 만들어 주었다. 사각사각 씹히는 김치와, 맵지 않게 입안 가득 퍼지는 된장의 향. 씹으면 씹을수록 맛있었다. 나도 모르게 김치 하나로 밥 한 그릇을 뚝딱 비웠다. 세상에 이런 반찬이 있었다니….

"어머, 이거 뭐예요?"

"제가 어릴 때 엄마가 자주 해 주시던 반찬이에요. 엄마는 이걸 만들어 주실 때 늘 그러셨어요. 김치는 버릴 게 하나도 없어."

"어떻게 만들어요? 저도 해 먹고 싶어요."

지인은 만드는 방법을 보여 주었다. 필요한 건 묵은지, 멸치, 다시마, 된장뿐. 준비물이 거창하지 않고 만들기도 쉬웠다. 요리 곰손인 내가 봐도 한 번에 따라 할 수 있었다. 김치를 하나도 버리지 않고 반찬으로 해 먹은 지혜가 놀라웠다.

집에 와서 당장 만들어 보고 아이들에게 주니, 당시 27개월 되었던 둘째 아이는 맛있는지 손으로 마구 집어 먹었다. 김치를 잘 먹지 않는 첫째 아이조차 맵지 않다며 곧잘 먹었다. 내 평생 처음으로 김장 김치 어떻게 다 먹나 걱정할 필요가 없었다.

"엄마, 이번에는 내가 만들어 줄게요."

"그러냐? 어떤 건지 궁금하네."

12주의 항암 치료를 마친 친정 엄마는 기운이 없을 것이라 생각했다. 하지만 막상 얼굴을 보니 내 생각보다 상태가 좋아 보여서 마음이 놓였다. 여기에는 한 가지 비밀이 있었다. 아빠가 엄마를 위해 끼니마다 새롭게 밥을 하고, 입맛을 돋우는 것들로 밥상을 차리셨다는 것이다. 아빠 덕분에 엄마가 항암 치료를 잘 끝냈기에, 그저 감사했다. 나 역시 엄마를 위해 새로운 반찬을 만들어 드릴 수 있다는 생각에 뿌듯했다. 김치통 뚜껑을 열었다. 처음 엄마의 암 소식을 듣던 날이 떠올랐다.

"엄마 대장암이래."

암이라고? 엄마의 말을 듣고 속으로 놀랐지만, 우선 내 마음을 재빨리 추슬렀다. 부모님 앞에서는 별일 아닌 듯이 말했다.

"금방 발견한 게 어디예요. 정말 감사하네요."

엄마 몸에 있는 암 덩어리를 한시라도 빨리 발견한 게 기적이고 고마운 일이었다. 집에 돌아와서 엄마가 싸 주신 김치통 뚜껑을 여는데, 눈물이 왈칵 쏟아졌다. 한번 터진 눈물은 멈추지 않았다. 남편은 우는 나를 위로하며 밖에 나가서 바람을 쐬고 오라고 했다. 집밖을 나와 무작정 걷고 또 걸었다. 갑자기 내 앞에 일어난 현실이 믿어지지 않았다. 얼마 전까지도 엄마와 아무렇지 않게 통화했는데,

이게 무슨 일이지?

그동안 고생만 하다가, 이제 두 자녀 다 결혼하고 두 분이 편안하게 살면 되는데…. 갑자기 왜 이런 일이 엄마에게 벌어진 건지 원망스러웠다. 한동안 마음을 잡기 어려웠다. 수술을 앞둔 엄마에게는 걱정을 끼치고 싶지 않아서 늘 씩씩하게 연락했다. 혼자 있을 땐 툭하면 눈물이 나왔지만, 엄마에게는 웃으며 말했다. 괜찮을 거라고, 다 잘 될 거라고. 그랬던 순간들이 내 눈앞을 스쳐 지나갔다.

김치통에서 김치를 한 포기 꺼냈다. 흐르는 물에 깨끗이 씻고 아주 작게 송송 썰었다. 냄비에 김치, 멸치 한 줌, 다시마 하나를 넣었다. 김치가 잠길 정도로 물을 넣었다. 된장을 한 숟가락 떠서 물에 풀었다. 뚜껑을 닫고, 물이 바닥에 조금 남을 때까지 계속 끓였다. 30분 넘게 끓이자, 온 집안에 된장 냄새가 퍼져 나갔다. 김치의 숨이 죽고 물이 바닥에 조금 있을 때 불을 껐다. 된장 묵은지 반찬이 만들어지는 동안 엄마가 말씀하셨다.

"된장 냄새가 구수하구나. 얼른 먹어보고 싶네."

갓 지은 따뜻한 밥을 푸고, 김치를 그릇에 보기 좋게 담았다. 나는 엄마를 위한 밥상을 차리면서 기뻤다. 지금 우리가 이렇게 살아서 따뜻한 밥 한 끼를 함께할 수 있는 것만으로도 감사했다. 엄마는 내가 만들어 드린 된장 묵은지 반찬으로 밥 한 그릇을 맛있게 드셨다. 그런 엄마의 모습을 보고 있자니 내 마음에 웃음꽃이 피었다. 잘 드시는 엄마에게 한없이 고마웠다.

"행복한 사람이 되고 싶은가? 우리가 원하는 행복은 이미 모두 주어졌다는 사실을 기억하라."

톨스토이가 한 말이다. 그렇다. 나는 이미 행복한 사람이다. 친정 엄마에게 된장 묵은지 반찬과 김이 모락모락 나는 따뜻한 밥 한 끼를 차려 드릴 수 있다는 것만으로 충분히 행복하다. 지금 우리가 살아 있어서 함께 누릴 수 있기에, 이미 행복은 다 주어져 있다. 내가 그것을 느끼느냐, 보지 못하고 사느냐의 차이만 있을 뿐.

내가 꿈꾸던 직업

꼭 해 보고 싶었던 일이었다.

7일 24시간 근무. (주당 168시간)

체력 필수.

1분 단위로 상전이 찾는다.

같은 일을 무한 반복하는데, 해도 티가 안 난다.

한번 발을 들여놓으면 사표나 사직서를 받지 않는다.

보수는? 아이의 환한 웃음.

나는 엄마다.

이럴 줄 몰랐다. 아이는 낳기만 하면 알아서 크는 줄 알았다. 무엇보다 아이를 낳으면, 나는 엄마와 다르게 키우겠다고 굳게 다짐했었다. 아무리 생각해도 이해할 수 없는 부분이 많았던 우리 엄마. 나는 배운 것도 엄마보다 더 많고, 육아책도 더 많이 읽었으니까 엄마와 정말 다를 거라고 여겼다. 그런데 웬걸, 크게 착각한 거였다. 나는 엄마보다 낫지 않았다. 내가 상상했던 육아와 현실은 너무 달랐다. 머리로 알던 것이 삶에 곧바로 적용되지 않았다.

아이는 그냥 키우면 되는 게 아니었다. 제때 밥도 못 먹고, 잠도 제대로 못 자고, 맘대로 싸지도 못하는 극한 직업일 거라고는 상상도 못했다. 솔직히 말하면, '뒤지게' 힘들었다. 나는 따뜻한 엄마가 아니었다. 내 안은 용광로처럼 쉼 없이 화가 부글부글 끓어올랐다. 화산이 폭발하듯 한 번에 팡 터지는 사람이었다. 속으로는 참을성 있게 아이를 기다려 줘야지 생각했지만, 나도 모르게 아이를 몰아붙였다. 육아에 엄마의 손길이 이토록 많이 필요할 줄이야. 엄마라는 자리는 하나도 쉽지 않았다. 자애로운 모성을 지닌 엄마는 상상 속 그림이었을 뿐, 내가 꿈꾸던 핑크빛은 없었다.

두 아이를 키우며 알게 되었다. 우리 엄마도 나를 이렇게 키우셨겠구나. 진짜 이해가 안 된다고 생각했던 엄마. 내가 엄마가 되어 두 아이를 키워 보니, 비로소 조금이나마 깨달을 수 있었다. 엄마도 엄마가 처음이라, 헤매고 실수하고 또 배우면서 나를 키우신 거구나. 그래, 그런 거였구나.

"너희들 키울 때 어찌나 시간이 안 가던지…. 한 해에 니들이 두 살씩 먹으면 좋겠다고 생각했다니까? 지금 돌아보면 젖 먹일 때가 제일 행복했어."

친정 엄마의 말씀이 가슴 깊이 다가오면서 마음 한편이 아리다. 엄마도 나처럼 엄마로 사는 게 힘들고 버거웠구나, 이해가 되는 순간 울컥한다. 엄마라는 자리가 주는 무게, 힘듦, 버거움, 어려움은 모두에게 마찬가지다. 한 번씩 이 자리를 내려놓고 아무도 나를 찾지 않는 곳으로 도망치고 싶다. 아이를 키우는 순간마다 수도 없이 흔들린다. '이게 맞는 건가? 이렇게 하다가 아이를 망치면 어떡하지?' 하는 생각이 자꾸만 떠오른다. 이상하게 육아는 하면 할수록 더 어렵다. 아이가 자라면서 또 다른 걱정거리가 늘어난다. 날마다 새롭게 해결해야 하는 문제를 만나는 기분이다.

그러나 아이의 웃음이라는 보상 하나로 이 극한 직업을 감당하는 나를 대견하게 바라본다. 오늘도 충분히 애쓰고 있다. 한없이 부족한 엄마지만, 내 아이를 사랑하는 마음만큼은 값으로 매길 수 없다. 아이들에게는 내가 전부니까.

괜찮아, 충분해, 잘하고 있어! 나를 응원한다. 토닥토닥, 나를 위로한다. 보수도 없고 퇴직도 없는 이 자리. 아이의 웃음 하나만으로 오늘도 힘겹게 이겨 나가고 있다. 극한 직업에서 버티며 엄마로 살아간다. 잘하든 못하든 엄마로 산다는 것만으로 엄청난 일을 해내고 있는 것이다. 당신도 그렇다.

노를 젓다가
노를 놓쳐 버렸다.
비로소 넓은 물을 돌아다보았다.
- 고은, 〈순간의 꽃〉 중에서

애쓰고 있는 나와 당신에게 따뜻한 시 한 잔을 건넨다. 멋진 엄마가 되려고, 아이를 잘 키우려고 두 주먹 불끈 쥐고 너무 앞만 보며 나가고 있지 않은지…. 오늘 하루는 마음 편안하게 양손에 꼭 쥐었던 노를 내려놓으면 어떨까?

"사랑해. 고마워. 괜찮아. 그럴 수 있어."

나부터 나에게 좋은 말을 건넨다. 나를 누구보다 따스하게 바라본다. 엄마로 사느라 애쓰고 있는 나를 사랑으로 바라보는 눈길, 애정 담은 말, 토닥여 주는 손길을 당신과 함께 지금 나누고 싶다.

어른들은 춥고 배고픈 프랑스에 살고 있기 때문이다. 어른들은 따뜻한 위로가 필요하다.

《어린 왕자》의 서문에 나온 글처럼, 우리 모두에게 필요한 건 따뜻한 위로다. 잘하고 있다며 칭찬하는 말이다. 실수해도 부족해도 괜찮아, 응원해 주는 말이다. 그래도 되니까. 정말 괜찮다.

공부머리가 쑥쑥 자라는 집안일 놀이

1판 1쇄 발행 2021년 3월 10일
1판 2쇄 발행 2022년 3월 20일

지은이 지에스더
펴낸이 이윤규

펴낸곳 유아이북스
출판등록 2012년 4월 2일
주소 서울시 용산구 효창원로 64길 6
전화 (02) 704-2521
팩스 (02) 715-3536
이메일 uibooks@uibooks.co.kr

ISBN 979-11-6322-055-8 03330
값 16,000원